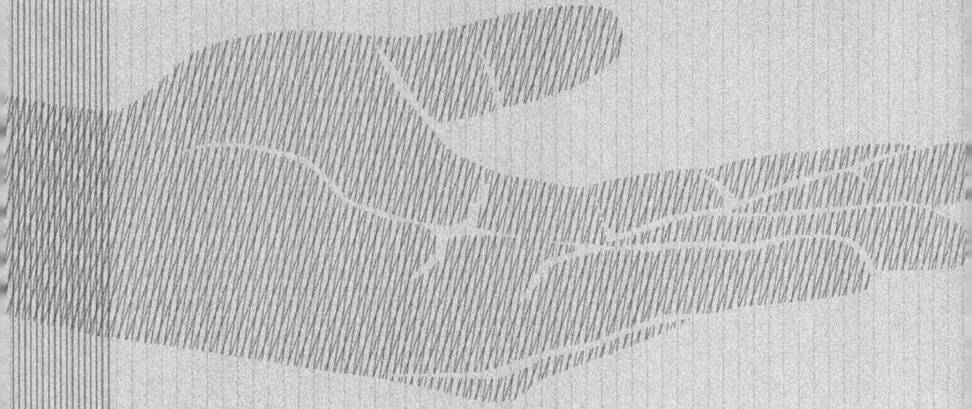

EDITORA
intersaberes

O selo DIALÓGICA da Editora InterSaberes faz referência às publicações que privilegiam uma linguagem na qual o autor dialoga com o leitor por meio de recursos textuais e visuais, o que torna o conteúdo muito mais dinâmico. São livros que criam um ambiente de interação com o leitor – seu universo cultural, social e de elaboração de conhecimentos –, possibilitando um real processo de interlocução para que a comunicação se efetive.

Políticas públicas sociais: a cidade e a habitação em questão

Samira Kauchakje
Sandra Maria Scheffer

EDITORA intersaberes

Conselho editorial
Dr. Ivo José Both (presidente)
Drª Elena Godoy
Dr. Nelson Luís Dias
Dr. Neri dos Santos
Dr. Ulf Gregor Baranow

Editor-chefe
Lindsay Azambuja

Editor-assistente
Ariadne Nunes Wenger

Projeto gráfico
Laís Galvão dos Santos

Capa
Design: Laís Galvão dos Santos
Imagem: Fábio Plock/Shutterstock

Diagramação
Conduta Design

Iconografia
Regina Claudia Cruz Prestes

Dados Internacionais de Catalogação na Publicação (CIP)
(Câmara Brasileira do Livro, SP, Brasil)

Kauchakje, Samira
 Políticas públicas sociais: a cidade e a habitação em questão/Samira Kauchakje, Sandra Maria Scheffer. Curitiba: InterSaberes, 2017. (Série Políticas Sociais Públicas).
 Bibliografia
 ISBN 978-85-5972-414-1

 1. Cidade – Administração pública 2. Habitação – Aspectos sociais 3. Planejamento urbano 4. Política habitacional 5. Política urbana 6. Políticas públicas I. Scheffer, Sandra Maria. II. Título III. Série.

17-04213   CDD-353.550981

Índices para catálogo sistemático:
1. Políticas públicas sociais: Política habitacional: Administração pública 353.550981

1ª edição, 2017.
Foi feito o depósito legal.

Informamos que é de inteira responsabilidade das autoras a emissão de conceitos.
Nenhuma parte desta publicação poderá ser reproduzida por qualquer meio ou forma sem a prévia autorização da Editora InterSaberes.
A violação dos direitos autorais é crime estabelecido na Lei n. 9.610/1998 e punido pelo art. 184 do Código Penal.

Rua Clara Vendramin, 58 ▪ Mossunguê ▪ CEP 81200-170 ▪ Curitiba ▪ PR ▪ Brasil
Fone: (41) 2106-4170 ▪ www.intersaberes.com ▪ editora@editoraintersaberes.com.br

Sumário

Apresentação | 7
Como aproveitar ao máximo este livro | 10

1. **Políticas públicas | 15**
   1.1 Elementos definidores | 17
   1.2 Capacidade institucional e autonomia | 22
   1.3 Classificação e cobertura | 40

2. **Cidades: características e política | 53**
   2.1 Concepções fundamentais | 55
   2.2 Cidades no interior da cidade | 63
   2.3 Caracterização das cidades no Brasil | 70
   2.4 Planejamento urbano | 88
   2.5 Instrumentos, mecanismos e espaços de planejamento urbano | 91
   2.6 Gestão das cidades no Brasil | 106

3. **Direito à moradia e política habitacional | 117**
   3.1 Concepções sobre moradia e habitação | 119
   3.2 Retrospectiva histórica da política de habitação | 124
   3.3 A Política e o Sistema Nacional de Habitação | 130
   3.4 Demanda habitacional no espaço urbano e programas habitacionais | 136
   3.5 A política de habitação e o trabalho técnico social | 146

Estudo de caso | 163
Para concluir... | 165
Referências | 167
Anexos | 179
Respostas | 181
Sobre as autoras | 187

Apresentação

Com este livro, buscamos contribuir para o debate teórico sobre o tema das políticas sociais com ênfase nas cidades e na habitação, bem como para a formação profissional nessa área. O texto discute aspectos teóricos relacionados a proposições sobre o direito a cidades socialmente sustentáveis, o acesso ao direito à moradia digna e a gestão democrática por meio da participação da população na formulação, na execução e no acompanhamento de planos, programas e projetos de desenvolvimento urbano e habitacional.
O tema do livro é importante não só para o profissional de serviço social, mas também para profissionais de outras áreas, pois a compreensão sobre o espaço, o território, a urbanização, o urbano, o rural e a forma como eles vão se constituindo e, ainda, o estudo das relações espaciais ou territoriais na sociedade são essenciais para a análise e a implementação de políticas públicas relacionadas à cidade e à habitação.

Isso instiga questionamentos como: De que forma as políticas públicas e, em especial, as sociais afetam as relações sociais e políticas e de que maneira elas impactam o espaço? Qual é a relação entre o modo de produção capitalista e a produção do espaço? De que forma se define a articulação entre o espaço e as atividades sociais, econômicas, culturais e políticas no modo de vida das pessoas? Essas questões são concernentes ao campo da gestão pública, ao planejamento urbano e aos movimentos sociais e mecanismos de afirmação do direito à cidade e do acesso à moradia digna.

O direito à cidade é concebido como um direito coletivo e não individual, pois depende do exercício de um poder coletivo para remodelar os processos de urbanização, como o acesso ao uso igualitário dos recursos naturais, econômicos, culturais e construídos presentes na cidade. Já a concepção de moradia digna perpassa as condições de habitabilidade, o acesso aos serviços de infraestrutura e equipamentos públicos no entorno da moradia e a consideração das características culturais da sociedade.

Essas questões estão inseridas em determinado modo de produção, o capitalista, e deste são decorrentes as mudanças socioespaciais, gerando, consequentemente, um desenvolvimento desigual, disseminado tanto espacial como socialmente. O planejamento urbano, por meio de seus instrumentos, define como a cidade se constitui legalmente em concomitância com outro movimento de expansão urbana admitida como ilegal, que manifesta processos de exclusão em razão das desigualdades sociais.

Com base nesses pontos, o livro está estruturado em três capítulos, sendo o primeiro referente aos fundamentos teóricos sobre política pública, aqui entendida como o produto de um processo decisório. Os itens do capítulo abordam a formulação e os tipos de políticas e as correntes teóricas que sustentam a análise nesse campo.

O segundo capítulo trata da diversidade de elementos que perpassam a discussão sobre as cidades e que se encontram presentes no cotidiano de profissionais que atuam com políticas públicas. Inicialmente, são examinadas as diferenças conceituais entre termos relacionados à urbanização, os quais embasarão a discussão sobre a diversidade de expressões da questão social que gera desigualdades sociais, econômicas, culturais e espaciais expressas no contexto municipal. Também são enfocadas o planejamento urbano e o conhecimento dos instrumentos urbanísticos previstos no Estatuto da Cidade, para que possa constituir-se em elemento-chave na construção de uma cidade inclusiva para todos e todas.

O terceiro capítulo versa sobre a especificidade da política habitacional, abordando o direito social à moradia e as políticas habitacionais implementadas no processo histórico brasileiro até os programas habitacionais vigentes. Apresenta, ainda, a gestão das políticas habitacionais com seus princípios e diretrizes que definem parâmetros de atuação nas escalas nacional, estadual e municipal tanto no planejamento como na implementação, impactando também as normativas do trabalho técnico social para a política habitacional.

Esclarecemos que optamos por empregar os substantivos em sua forma neutra – quando isso não foi possível, a preferência foi utilizar o substantivo feminino ou um uso que contemple os dois gêneros no lugar do usualmente genérico masculino. A exceção está nas citações diretas, mantendo-se a forma original escrita pelas autoras e autores.

Para aproveitar melhor este livro, sugerimos que você faça uma leitura do conteúdo na sequência apresentada. Ao final de cada capítulo, encontram-se atividades referentes às temáticas exploradas, as quais buscam relacionar o conteúdo com a realidade. Procure realizá-las para exercitar a apreensão dos conteúdos e a reflexão sobre a relação entre teoria e prática.

Sugerimos também que você escolha um município como referência para que, ao ler o texto, vá aproximando o conteúdo apreendido da realidade daquele local.

Como aproveitar ao máximo este livro

Este livro traz alguns recursos que visam enriquecer seu aprendizado, facilitar a compreensão dos conteúdos e tornar a leitura mais dinâmica. São ferramentas projetadas de acordo com a natureza dos temas que vamos examinar. Veja a seguir como esses recursos se encontram distribuídos no decorrer desta obra.

Conteúdos do capítulo

Logo na abertura do capítulo, você fica conhecendo os conteúdos que nele serão abordados.

Após o estudo deste capítulo, você será capaz de:

Você também é informado a respeito das competências que irá desenvolver e dos conhecimentos que irá adquirir com o estudo do capítulo.

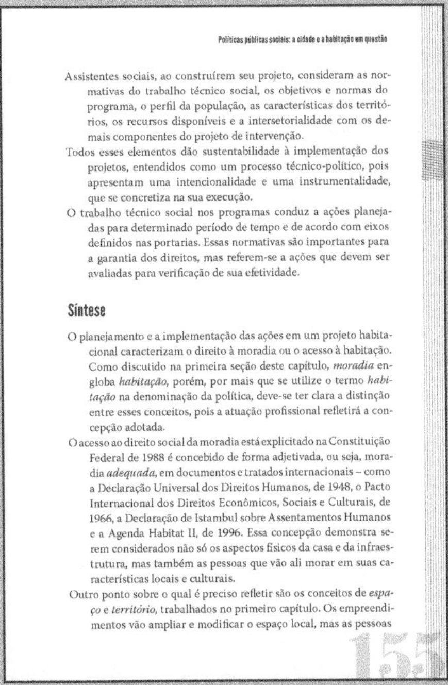

Assistentes sociais, ao construírem seu projeto, consideram as normativas do trabalho técnico social, os objetivos e normas do programa, o perfil da população, as características dos territórios, os recursos disponíveis e a intersetorialidade com os demais componentes do projeto de intervenção.

Todos esses elementos dão sustentabilidade à implementação dos projetos, entendidos como um processo técnico-político, pois apresentam uma intencionalidade e uma instrumentalidade, que se concretiza na sua execução.

O trabalho técnico social nos programas conduz a ações planejadas para determinado período de tempo e de acordo com eixos definidos nas portarias. Essas normativas são importantes para a garantia dos direitos, mas referem-se a ações que devem ser avaliadas para verificação de sua efetividade.

Síntese

O planejamento e a implementação das ações em um projeto habitacional caracterizam o direito à moradia ou o acesso à habitação. Como discutido na primeira seção deste capítulo, *moradia* engloba *habitação*, porém, por mais que se utilize o termo *habitação* na denominação da política, deve-se ter clara a distinção entre esses conceitos, pois a atuação profissional refletirá a concepção adotada.

O acesso ao direito social da moradia está explicitado na Constituição Federal de 1988 é concebido de forma adjetivada, ou seja, moradia *adequada*, em documentos e tratados internacionais – como a Declaração Universal dos Direitos Humanos, de 1948, o Pacto Internacional dos Direitos Econômicos, Sociais e Culturais, de 1966, a Declaração de Istambul sobre Assentamentos Humanos e a Agenda Habitat II, de 1996. Essa concepção demonstra serem considerados não só os aspectos físicos da casa e da infraestrutura, mas também as pessoas que vão ali morar em suas características locais e culturais.

Outro ponto sobre o qual é preciso refletir são os conceitos de *espaço* e *território*, trabalhados no primeiro capítulo. Os empreendimentos vão ampliar e modificar o espaço local, mas as pessoas

Síntese

Você dispõe, ao final do capítulo, de uma síntese que traz os principais conceitos nele abordados.

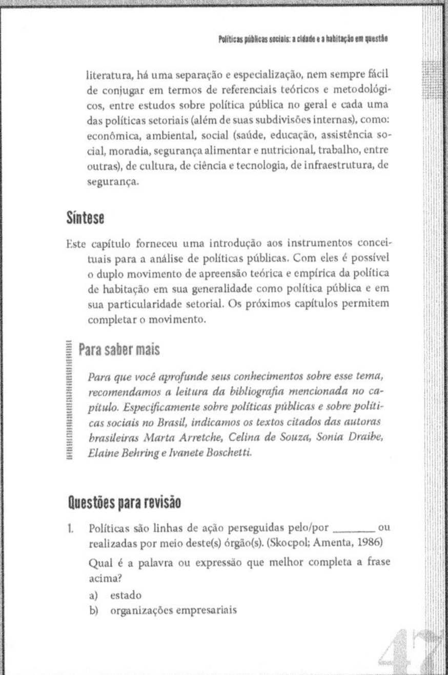

---

literatura, há uma separação e especialização, nem sempre fácil de conjugar em termos de referenciais teóricos e metodológicos, entre estudos sobre política pública no geral e cada uma das políticas setoriais (além de suas subdivisões internas), como: econômica, ambiental, social (saúde, educação, assistência social, moradia, segurança alimentar e nutricional, trabalho, entre outras), de cultura, de ciência e tecnologia, de infraestrutura, de segurança.

Síntese

Este capítulo forneceu uma introdução aos instrumentos conceituais para a análise de políticas públicas. Com eles é possível o duplo movimento de apreensão teórica e empírica da política de habitação em sua generalidade como política pública e em sua particularidade setorial. Os próximos capítulos permitem completar o movimento.

Para saber mais

Para que você aprofunde seus conhecimentos sobre esse tema, recomendamos a leitura da bibliografia mencionada no capítulo. Especificamente sobre políticas públicas e sobre políticas sociais no Brasil, indicamos os textos citados das autoras brasileiras Marta Arretche, Celina de Souza, Sonia Draibe, Elaine Behring e Ivanete Boschetti.

Questões para revisão

1. Políticas são linhas de ação perseguidas pelo/por _____ ou realizadas por meio deste(s) órgão(s). (Skocpol; Amenta, 1986)

   Qual é a palavra ou expressão que melhor completa a frase acima?
   a) estado
   b) organizações empresariais

Para saber mais
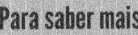

Você pode consultar as obras indicadas nesta seção para aprofundar sua aprendizagem.

Cidades: características e política

Para saber mais

No decorrer do capítulo, há várias dicas de livros, sites, documentários etc., as quais se encontram em quadros específicos. Além da bibliografia citada no capítulo, também indicamos para complementar a leitura sobre urbanização brasileira as obras de Milton Santos, Ermínia Maricato e Roberto Lobato Corrêa. Sobre o tema do planejamento urbano e política urbana, recomendamos as obras de Marcelo Lopes de Souza, Fábio Duarte, Clóvis Ultramari, Edésio Fernandes e Maria Encarnação Beltrão Sposito.

Questões para revisão

1. Faça uma análise da citação a seguir com base nos conceitos de *urbano* e *cidade* apresentados no capítulo.

   "Poderíamos dizer que somos constituídos pelo urbano, mas vivemos as cidades, e nela deixamos rastros, constituímos símbolos, físicos e imaginários, formamos imagens de nossas aspirações" (Frey; Duarte, 2006, p. 112).

2. Observe a foto a seguir e responda:

   Quais aspectos do urbanismo de risco você observa na foto? Apresente uma fundamentação teórica para justificar sua resposta.

Chico Ferreira/Pulsar Imagens

Questões para revisão

Com estas atividades, você tem a possibilidade de rever os principais conceitos analisados. Ao final do livro, as autoras disponibilizam as respostas às questões, a fim de que você possa verificar como está sua aprendizagem.

Políticas públicas sociais: a cidade e a habitação em questão

Questões para reflexão

1. Reflita sobre os dados da questão 6 da seção anterior e planeje quais ações seriam as mais adequadas para enfrentar a problemática apresentada. Mas, antes de realizar essa atividade, você deve:
   - ter uma visão geral dos problemas com base nos indicadores coletados;
   - analisar os problemas mais proeminentes;
   - definir ações para o déficit e para a inadequação de moradias.

2. Considerando os eixos previstos na Portaria n. 21/2014 que respaldam o trabalho técnico social, elabore objetivos que poderiam ser planejados para um conjunto habitacional em um município. São quatro eixos:
   1. mobilização, organização e fortalecimento social;
   2. acompanhamento e gestão social da intervenção;
   3. educação ambiental e patrimonial;
   4. desenvolvimento socioeconômico.

Questões para reflexão

Nesta seção, a proposta é levá-lo a refletir criticamente sobre alguns assuntos e trocar ideias e experiências com seus pares.

Estudo de caso

Política urbana

Para a implantação dos planos diretores municipais participativos, foram realizadas capacitações e, posteriormente, levantamentos avaliativos por meio da Rede Nacional de Avaliação e Capacitação para Implementação de Planos Diretores Participativos, um projeto em parceria com a Universidade Federal do Rio de Janeiro (UFRJ), por meio do Instituto de Pesquisa e Planejamento Urbano e Regional (IPPUR). Pesquisadores de todo o país especializados na temática da política urbana trabalharam para construir um panorama avaliativo do planejamento urbano no Brasil. O documento produzido apresenta informações sobre as áreas habitacional, de saneamento básico, ambiental, de mobilidade urbana, de metropolização e do sistema de gestão e participação democrática no cenário nacional.

Para acessar informações sobre o assunto e analisar a realidade brasileira, consulte o documento produzido no endereço indicado a seguir.

Estudo de caso

Esta seção traz ao seu conhecimento situações que vão aproximar os conteúdos estudados de sua prática profissional.

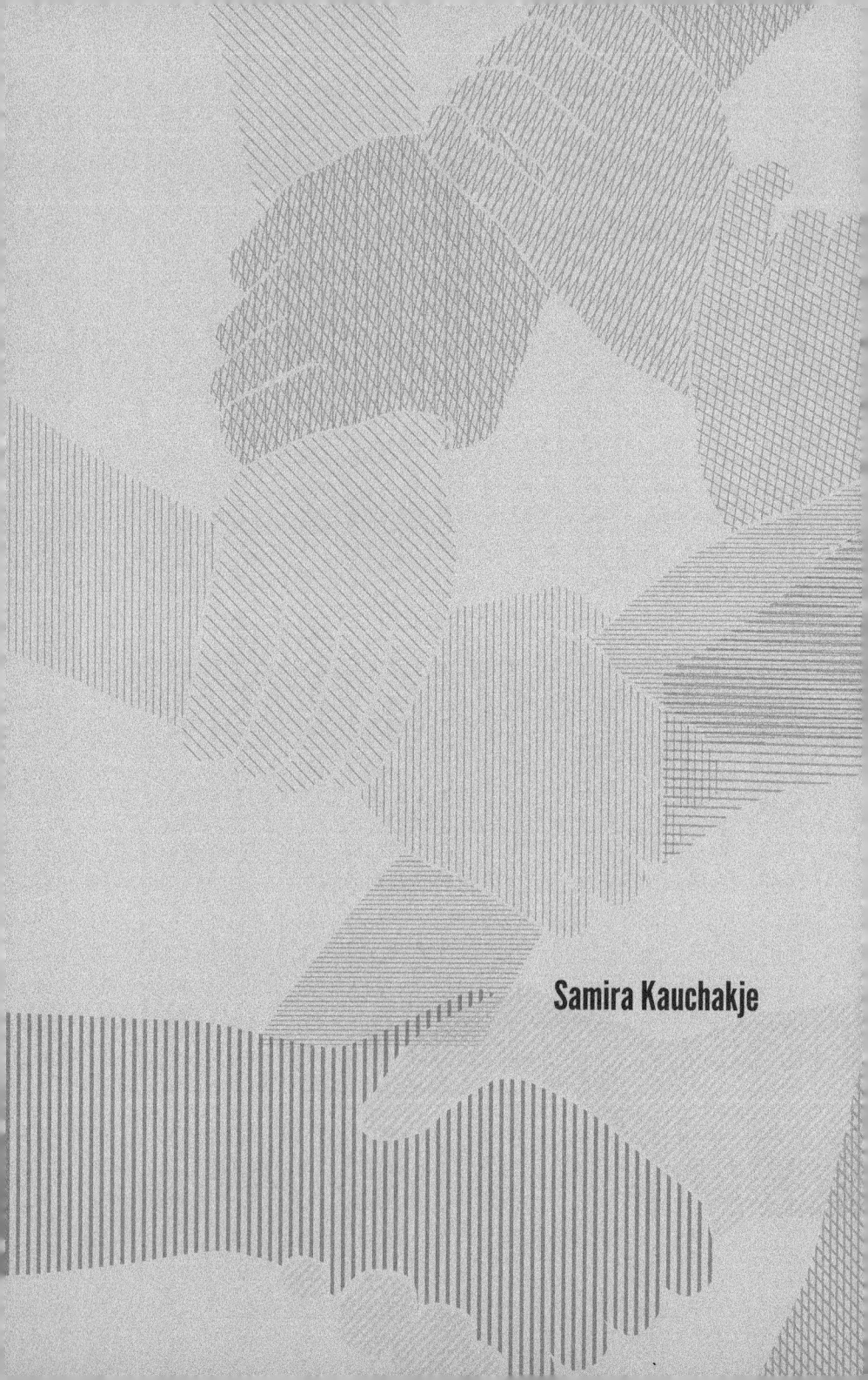

Samira Kauchakje

CAPÍTULO 1

Políticas públicas[1]

---

[1] Em Kauchakje e Silva (no prelo), ainda que sob perspectiva diversa, também discutimos parte do conteúdo deste capítulo.

Conteúdos do capítulo

- Elementos definidores de política pública.
- Capacidade institucional e autonomia.
- Classificação e cobertura.

Após o estudo deste capítulo, você será capaz de:

1. responder à questão: O que é política pública?;
2. entender quem decide sobre essas políticas;
3. identificar tipos de políticas e os grupos sociais aos quais elas se destinam.

A política de habitação é um dos setores da política urbana e de infraestrutura e, particularmente, quando de interesse social, um dos setores da política social. Tais políticas compõem o conjunto da política pública.

Este capítulo é uma introdução à teoria sobre políticas públicas. Não tem o propósito de expor detalhes e exemplos de políticas específicas, mas introduzir noções e ferramentas teóricas para que as informações, as discussões e os detalhes apresentados nos próximos capítulos e na bibliografia recomendada passam ser mais bem compreendidos no âmbito do campo teórico sobre decisão governamental em termos de política pública habitacional.

1.1 Elementos definidores

A noção de *política pública* a ser aqui desenvolvida refere-se ao processo decisório e é considerada, especificamente, um produto da tomada de decisão no âmbito do Estado. Essa ação governamental pode ocorrer com base em canais participativos e democráticos ou não. De toda maneira, política pública é compreendida como o **Estado em ação**[2].

Na literatura, há uma variedade de concepções sobre o tema. Extrair definições do seu contexto argumentativo, não raro, desvirtua o sentido original dessas conceituações. Entretanto, utilizaremos essa estratégia para iniciar nossa reflexão sobre esse campo teórico.

Algumas concepções são tão gerais que não delimitam sua especificidade, como é o caso de "políticas públicas são intenções e produto da invenção humana" (Goodin; Rein; Moran, 2008, p. 19). Essa afirmação, deslocada de uma argumentação teórica, nada esclarece, mas pode servir de alavanca para a ideia de que

---
2 Título do livro de Jobert e Müller (1987).

políticas denotam e estruturam valores e, sendo produto humano, provavelmente, envolvem embates.

Outras definem *política pública* como um produto de procedimentos sistemáticos. Por exemplo, para Easton, as políticas públicas são *outputs*, respostas oferecidas pelo sistema político a partir do processamento de *inputs*, ou seja, demandas ou apoios oriundos da sociedade em relação a determinado tema, e de *withinputs*, isto é, pressões internas ao sistema político referentes ao escopo da resposta esperada. Easton (1953, p. 130, citado por Ham; Hill, 1993, p. 26) considera as políticas numa "teia de decisões e ações que alocam valores".

O significado de *valores*, expresso por Goodin, Rein e Moran (2008) e Easton (1953), pode ser relacionado tanto à cultura – um conjunto de crenças que podem orientar o comportamento – quanto aos recursos distribuídos pela política pública e ao seu impacto sobre a alocação e a fruição desses recursos.

Há definições que procuram responder à questão "o que é", enfatizando quem realiza e a quem impacta. Souza (2006, p. 68)[3], por exemplo, conceitua *política pública* como "um conjunto de ações do governo que irão produzir efeitos específicos" (Lynn, 1980) e, ainda, "a soma das atividades dos governos, que agem diretamente ou por delegação, e que influenciam a vida dos cidadãos" (Peters, 1986).

Algumas autoras, mesmo que considerando certa forma de sequência procedimental, destacam o elemento decisional das políticas públicas. A política pública é inserida em "um conjunto de decisões inter-relacionadas tomadas por ator político ou grupo de atores relativas à seleção de metas e os meios de alcançá-las dentro de uma situação determinada em que essas decisões devem, em princípio, estar dentro do poder desses atores para alcançá-las" (Jenkins, 1978, p. 15, citado por Ham; Hill, 1993, p. 26).

---

3 São elaborações da própria autora tendo por base os textos que ela referencia sem citação de páginas.

Entretanto, entre as frases mais conhecidas e utilizadas para definir *política pública*, destacamos três:

1. "Políticas são linhas de ação perseguidas pelos Estados" (ou "linhas de ação realizadas através do Estado") (Skocpol; Amenta, 1986, p. 131, tradução nossa)[4].
2. Política pública é "o que o governo escolhe fazer ou não fazer" (Dye, 1984, p. 2, tradução nossa)[5].
3. Política pública "é uma regra formulada por alguma autoridade governamental que expressa o propósito de influenciar o comportamento dos cidadãos, individual ou coletivamente, pelo uso de sanções positivas e negativas" (Lowi, 1985, p. 70, tradução nossa)[6].

As duas primeiras merecem destaque porque transmitem de forma econômica uma ideia ampla, que, mesmo assim, delimita o que seria política pública ao excluir o que ela não é (isto é, descartando o que está fora do âmbito do Estado e da ação do governo). A terceira porque concebe política pública como uma instituição (regra) que, como tal, estrutura não apenas comportamentos, mas também outras políticas, as relações dos atores da esfera política entre si e com as outras pessoas, além das interações sociais. A virtude dessas definições também se encontra em sua forma sintética. Isso aparentemente empobrece o debate, mas, na verdade, permite o desenvolvimento de argumentos que possam sustentá-las, complementá-las ou descartá-las.

Nas concepções ressaltadas, a política pública é, sobretudo, o produto da tomada de decisão governamental e no âmbito do Estado, mas ela está, também, articulada ao processo decisório. Assim, a análise da política pública no interior dos processos políticos

---

[4] "Policies" are lines of action pursued through states" (Skocpol; Amenta, 1986, p. 131).

[5] "[...] whatever governments choose to do or not to do" (Dye, 1984, p. 2).

[6] "The policy, then, is a rule formulated by some governmental authority expressing any intention to influence the behavior of citizens, individually or collectively, by use of positive and negative sanctions" (Lowi, 1985, p. 70).

(a política da política pública) permite explicar **quem ganha o que, quando e como**[7].

A política pública faz parte de processos com determinantes políticos (internos e internacionais), econômicos, culturais, legais e institucionais, que, por sua vez, se desenrolam conforme trajetórias históricas e relações de força. Enfim, a tomada de decisão é um processo e um resultado referido ao **poder político**.

Uma revisão do debate teórico sobre poder político não cabe neste capítulo, por isso escolhemos um recorte dessa literatura e trataremos o tópico de maneira a fornecer condições para esclarecer os elementos que definem *política pública*, objetivo desta seção.

Poder supõe a capacidade de produzir efeitos pretendidos (Russell, 1938, p. 35). Todavia, o poder nas relações humanas tem singularidades. Na tradição teórica que entende o poder como relacional, e mais, como uma relação de conflito, Weber (2000, p. 33) indica que "poder significa a probabilidade de impor a própria vontade dentro de uma relação social, mesmo que contra toda resistência [...]". Quer dizer, em face da resistência, há ameaça de punição[8]. Na relação de poder, estão presentes elementos como: i) a posse de recursos valorizados (por exemplo, riqueza, afeto, prestígio, saber e o recurso político essencial – o monopólio do uso da violência); ii) a disposição para o uso desses recursos quando houver resistência; iii) por parte de quem é alvo da imposição, a aceitação do que está sendo imposto diante da ameaça de sanção (devendo-se lembrar que a aceitação do que é imposto pela concordância do seu conteúdo configura a forma de poder manifesta como dominação). Pelo menos dois argumentos demonstram que o poder, como relação, é uma probabilidade: primeiro porque não basta a posse de recursos – é preciso ter a disposição e a condição de utilizá-los

---

7   Parte do título do livro de Lasswell (1950).

8   Perissinotto (2007a) chama a atenção para a tradição teórica que entende o poder como uma relação de conflito e para a que o aborda em termos de cooperação. Na primeira tradição – relações de conflito –, encontram-se as definições clássicas de política e poder de Weber.

como recursos de poder; segundo porque quem é alvo da imposição pode não se submeter, mesmo sob pena de sofrer punição (Perissinotto, 2007a).

Política é a tomada de decisão com recursos públicos ou a capacidade de influenciar essas decisões (Kaplan; Lasswell, 1979), o que também ecoa Weber (2004, p. 56), para quem política se refere ao "conjunto de esforços feitos visando a participar do poder ou influenciar a divisão do poder, seja entre Estados, seja no interior de um único Estado". Enfim, a política é uma dinâmica em que estão em jogo a aquisição, a distribuição e a perda de poder.

Levando em consideração os aspectos discutidos, compreendemos que:

a. **Poder político** é o tipo de poder relativo especificamente à política, ou seja, poder de tomar decisões com recursos públicos.
b. **Política pública** é:
   - **política**, pois, conforme Dye (1984, p. 101), políticas públicas (aquilo que o governo faz ou deixa, como decisão, de fazer) concretizam avaliações, preferências, influências, contingências e obrigações do governo. Isso não quer dizer que políticas estão reduzidas à esfera do Estado e do governo, mas que, necessariamente, a ela estão referidas. A política pública é política por ser de competência do Estado e decisão governamental, porque, segundo Dye (1984, p. 108), é, em grande parte, uma luta entre grupos para orientar políticas públicas, além de estruturar relações políticas e sociais como parte e instrumento do exercício do poder político.
   - **pública**, o que significa, por um lado, que se aloja na esfera do Estado e, por outro, que há o vínculo compulsório da população e suas implicações coletivas numa comunidade política delimitada (independentemente de consenso ou aprovação acerca de seu conteúdo por grupos determinados), havendo, sob certas circunstâncias, repercussões internacionais. Em resumo, o sentido de publicidade da política pública diz respeito à sua universalidade e coerção, cuja legitimidade provém de seu emissor, o Estado (Dye, 1984, p. 101).

Conforme a perspectiva institucionalista, as políticas moldam a política e também direcionam as possibilidades de como outras políticas serão formuladas e implementadas com base no que foi efetivado pelas políticas e legislações anteriores. Sua formulação e implementação exigem um volume de recursos administrativos, financeiros e coercitivos (Pierson, 1995, p. 449), bem como a capacidade do governo em mobilizá-los para estabelecer linhas de ação e implementá-las.

1.2 Capacidade institucional e autonomia[9]

No capitalismo existem "dois mecanismos mediante os quais os recursos [da sociedade] são alojados para usos diversos e distribuídos": o mercado e o Estado. Isso acarreta relações tensas entre essas duas instâncias. Essa tensão é decorrente do fato de que o capitalismo é um sistema em que os recursos escassos são privadamente apropriados e esta "propriedade é institucionalmente separada da autoridade" (Przeworsky, 1995, p. 7-8).
As políticas governamentais são fatores dessa tensão entre propriedade privada e autoridade política e podem exacerbá-la. Por um lado, o "mercado é um mecanismo em que os agentes individuais decidem alocações com os recursos que possuem, recursos estes que são sempre desigualmente distribuídos" (Przeworsky, 1995, p. 7). Por outro lado, o Estado, em alguns contextos, pode implementar políticas redistributivas e, também, políticas que

||||||||||||||||||||||||||

9 Nesta seção e nas próximas, serão apresentadas algumas das principais teorias e autores e autoras que fundamentam a análise de políticas públicas – neormarxismo, neoinstitucionalismo e elitismo pluralista –, bem como algumas de suas correntes internas. Quando aparecerem no texto, serão destacadas em negrito. A bibliografia citada serve como um norteador para quem tem interesse em aprofundar o estudo sobre esses fundamentos teóricos.

vão na direção contrária não apenas do mercado em geral, mas de alguns de seus setores internos (políticas agrícola, industrial, nacional, internacional, por exemplo), "agindo sobre aqueles mesmos recursos que constituem a propriedade privada" (Przeworsky, 1995, p. 7).

A tensão entre propriedade privada e autoridade política é tratada por algumas teorias políticas. No **marxismo** encontramos a análise sobre a separação relativa entre o Estado e as relações de produção. Especialmente em suas obras de caráter histórico, Marx evidenciou que, em determinados momentos, "o Poder Executivo submete ao seu domínio a sociedade" (Marx, 2011, p. 128).

O Estado é apreendido no âmbito do interesse geral da classe burguesa (interesse na manutenção do sistema social), e não como porta-voz dos interesses imediatos de classe ou de frações de classe (interesses econômicos imediatos). O "movimento das formas políticas não é o reflexo mecânico da vontade das classes sociais; ao contrário, não raro, são as classes que buscam adaptar-se às novas condições políticas produzidas à sua revelia" (Perissinotto, 2007b, p. 85).

Sobre esse aspecto, Engels (1975, p. 520-522) chamava a atenção para o fato de que, embora a base seja a situação econômica, fatores da superestrutura exercem "a sua ação sobre o curso das lutas históricas e, em muitos casos, determinam predominantemente sua forma em determinadas situações históricas"[10].

----

10 O trecho completo é: "Segundo a concepção materialista da história, o fator que em última instância determina a história é a produção e a reprodução da vida real. Nem Marx nem eu nunca afirmamos mais do que isso. Se alguém o tergiversa dizendo que o fator econômico é o único determinante, converte aquela tese numa frase vazia, abstrata, absurda. A situação econômica é a base, mas os diversos fatores da superestrutura – as formas políticas da luta de classes e seus resultados, as Constituições que, uma vez ganha uma batalha, são redigidas pela classe vitoriosa etc., as formas jurídicas, e mesmo os reflexos de todas estas lutas reais no cérebro dos participantes, as teorias políticas, jurídicas, filosóficas, as ideias religiosas e o seu desenvolvimento ulterior até serem convertidas em sistemas dogmáticos – exercem igualmente a sua ação sobre o curso das lutas históricas e, em muitos casos, determinam predominantemente sua forma". (Engels, 1975, p. 520-522, citado por Quintaneiro; Barbosa; Oliveira, 2003, p. 36)

O tema também é abordado por **neomarxistas**, que elaboram uma teoria marxista do Estado com diferentes vertentes em debate. Neste capítulo, o destaque é para as contribuições de Poulantzas (1978), cujas concepções relacional e estruturalista do Estado encaminham o desenvolvimento da noção da autonomia relativa do Estado em relação à classe dominante e suas frações, bem como a certos interesses particulares. Destacamos também as contribuições de Offe (1984), que investiga regras e mecanismos de seletividade institucional identificados no sistema político, com consequências sobre o processo decisório e a formulação de políticas – tal seletividade assegura a relação de complementaridade entre o poder político e o poder econômico[11] –, e de Miliband (1983), que discute a posição de elites no sistema estatal e a ação do Estado a favor da classe dominante, mas não a seu comando.

Poulantzas (1978, p. 130) considera o Estado "uma condensação material de uma relação de forças entre classes e frações de classes" em dada formação social. Essa é uma concepção relacional do Estado, segundo a qual os conflitos e as contradições sociais não só "estão dentro dos aparelhos do Estado [...] mas o definem e o constituem. O Estado capitalista cristaliza nos e através dos seus aparelhos uma relação de forças" (Codato, 2008, p. 83).

Em outro texto do referido autor, o Estado é definido como "a instância que mantém a coesão de uma formação social e que reproduz as condições de produção de um sistema social através da manutenção da dominação de classe" (Poulantzas, 1969, p. 76, citado por Codato, 2008, p. 78). Nessa concepção estruturalista, a função global do Estado direcionada para a manutenção da coesão impede a explosão do conflito político de classe e mantém a unidade de uma formação social, na qual uma classe é

---

11 Em outro texto, o autor propõe que as instituições têm um caráter dual, "constituem a estrutura de incentivos com a qual os atores sociais se deparam" (Melo, 1996, p. 214) e também "incorporam intuições normativas ou princípios daqueles que vivem nelas ou sob a instituição em causa" ("...that institutions embody normative intuitions or principles of those who live in or under the institution in question") (Offe, 1994, p. 6, tradução nossa).

a dominante e a beneficiária. As instituições ou aparelhos do Estado participam de suas funções econômica, política e ideológica[12] no sentido de que "tudo aquilo que participa da função do Estado é, para todos os efeitos, Estado" (Codato, 2008, p. 81). As políticas públicas são também constituídas pelas contradições sociais e, sendo parte do Estado, estão imbricadas em sua função de coesão, o que possibilita a reprodução do sistema social. Isto é, as políticas, assim como o aparelho estatal, teriam "função especificamente repressiva, reguladora, ideológica etc." (Offe, 1984, p. 14).

Offe (1984, p. 14) usa o exemplo da política social para esclarecer "através de que medidas de 'integração' o sistema social é capaz ou não de resolver seus problemas estruturais específicos". No período de sua instauração (que se atualiza), os componentes da política social são: preparação repressiva e socializadora da proletarização; coletivização compulsória dos riscos; e regulamentação da quantidade entre oferta e demanda no mercado de trabalho, "recolhendo" os excedentes e garantindo a reprodução da força de trabalho. Trata-se da **função constitutiva da política social do Estado** como uma estratégia que contribuiu para a difusão e a "normalidade" da relação de trabalho assalariado. Nesse sentido, a "política social não é mera 'reação' do Estado aos 'problemas' da classe operária mas contribui de forma indispensável para a constituição dessa classe" (Offe, 1984, p. 22). A política social exerce essa função em meio à tensão entre propriedade e Estado, realizando tarefas de distribuição e alocação de recursos como uma maneira de "reparação" voltada às pessoas em situação de pobreza, opressão ou miserabilidade "em consequência da propriedade privada dos recursos produtivos" (Przeworsky, 1995, p. 7).

|||||||||||||||||||||||||||

12 O polo ideológico para o caso do Estado burguês é, principalmente, indicado pelos efeitos produzidos pelo direito burguês, entendido como "as normas, os códigos, as disposições jurídicas", e pelo burocratismo burguês, que se refere à "forma específica de composição da administração do Estado" (Codato, 2008, p. 77)

Textos sobre a história da política social sob a ótica da luta entre as classes, e no seu interior, como o de Boschetti e Behring (2006) e os sumarizados por Kauchakje (2012), demonstram que a autonomia relativa do Estado "se manifesta concretamente pelas diversas **medidas contraditórias**" que as classes e frações do bloco no poder "consegue[m] introduzir na política estatal" (Poulantzas, 1978, p. 138, grifo nosso)[13].

A autonomia é entendida como constitutiva do Estado capitalista e remete à "materialidade desse Estado em sua separação **relativa** das relações de produção, e à especificidade das classes e da luta de classes sob o capitalismo que essa separação implica" (Poulantzas, 1978, p. 129, grifo nosso). Isso não significa, entretanto, que o Estado se mantém exterior às frações do bloco no poder, mas que a autonomia é "a resultante do que se passa **dentro** do Estado" (Poulantzas, 1978, p. 138, grifo nosso).

O Estado "é a 'forma política' da sociedade burguesa" e "o 'poder de Estado' identifica-se plenamente com o poder de classe", já que a autonomia que este adquire "em determinadas situações históricas não faz dele uma força social 'autônoma' ou 'descolada' da sociedade" (Codato; Perissinotto, 2001, p. 17).

Portanto, análises marxistas sobre o Estado e sua relativa autonomia em relação às classes dominantes têm como foco os determinantes societais articulados ao antagonismo entre as classes fundamentais.

Autonomia é uma noção central também para a vertente histórica da teoria **neoinstitucionalista** do Estado, a qual, contudo, se opõe tanto à ideia de autonomia relativa como ao foco nos determinantes societais.

---

13 Essa autonomia se manifesta concretamente pelas diversas medidas contraditórias que cada uma dessas classes e frações, pela estratégica específica de sua presença no Estado e pelo jogo de contradições que resulta disso, consegue introduzir na política estatal, mesmo que sob a forma de **medidas negativas**: a saber, por meio de oposições e resistência à tomada ou execução efetiva de medidas em favor de outras frações do bloco no poder" (Poulantzas, 1978, p. 138, grifo do original).

A premissa é que o Estado e as outras instituições políticas atuam na sociedade e condicionam seu curso histórico conforme a noção de dependência de trajetória (*path dependence*). As instituições herdadas existentes estruturam as decisões ulteriores e são um dos principais fatores que mantêm o desenvolvimento histórico dentro de "trajetos" e possibilidades trazidas pela sua existência. Estruturam, inclusive, as trajetórias de processos revolucionários, como os analisados por Skocpol (1979) em *Estados e revoluções sociais: análise comparativa da França, Rússia e China*.

Dito de outro modo, as instituições políticas orientam o comportamento político, produzem resultados políticos e, dessa forma, explicam a maior parte das ocorrências da vida política e, em grande medida, da social. Por sua vez, as políticas, uma vez efetivadas, estruturam a própria política e o poder, assim como as relações sociais e políticas posteriores. As "políticas adotadas no passado condicionam as políticas ulteriores, ao encorajarem as forças sociais a se organizar segundo certas orientações de preferência a outras [...]" (Hall; Taylor, 2003, p. 201).

O neoinstitucionalismo tem como matriz clássica a formulação weberiana de que Estado "é uma relação de dominação de homens sobre homens, apoiada no monopólio do meio da coação legítima (quer dizer, considerada legítima) num determinado território" (Weber, 2000, p. 526).

O exercício da coerção está relacionado à capacidade de extrair recursos. É praticamente consensual nessa linha teórica que o Estado é um "conjunto de organizações administrativas, policiais e militares liderado e mais ou menos bem coordenado por uma autoridade executiva", cuja fundamental atividade é a de extração de recursos da sociedade a fim de implementá-los "para criar e apoiar organizações coercitivas e administrativas" (Skocpol, 1985, p. 29, tradução nossa)[14]. De forma sintética, os

---

14 "a set of administrative, policing, and military organizations headed, and more or less well coordinated by, an executive authority. Any state first and fundamentally extracts resources from society and deploys these to create and support coercive and administrative organizations" (Skocpol, 1985, p. 29).

Estados são "organizações que extraem recursos por meio de taxas e tentam estender o controle coercitivo e a autoridade política sobre territórios particulares e as pessoas que residem dentro dele" (Skocpol; Amenta, 1986, p. 131, tradução nossa)[15].
Assim, a atividade de extração, alocação e distribuição dos recursos da sociedade tem em vista a manutenção do próprio Estado e a implementação de políticas governamentais. Necessariamente, todos os "Estados têm políticas militares e econômicas" com o objetivo de defender seus territórios e garantir suas receitas que "dependem do desempenho da produção e do comércio" (Skocpol; Amenta, 1986, p. 131, tradução nossa)[16]. A depender do momento histórico e de cada sociedade[17], outras políticas, como as sociais e as ambientais, passam a ser compreendidas como de responsabilidade estatal.

O Estado pode ou não ter capacidade institucional "para formular e implementar estratégias para atingir objetivos econômicos e sociais" (Kjaer; Hansen; Thomsen, 2002, p. 7, tradução nossa)[18] por meio de atividades de guerra, distribuição e produção e, também, por meio de medidas relativas à justiça, à administração pública e às políticas de bem-estar social, segurança, entre outras.

Capacidade institucional do Estado não é o mesmo que *capacidade do governo*. A capacidade institucional do Estado refere-se aos recursos – especialmente coercitivos, administrativos e financeiros – que os governos têm à disposição (Pierson, 1995).

||||||||||||||||||||||||

15 "States ares organizations that extract resources through taxation and attempt to extend coercive control and political authority over particular territories and the people residing within them" (Skocpol; Amenta, 1986, p. 131).

16 "Of necessity, all states have military and economic policies, for their territories must be defended and their revenues depend on the fortunes of production and trade" (Skocpol, 1985, p. 30).

17 O Estado "não pode ser definid[o] pelo conteúdo daquilo que faz. Não há quase nenhuma tarefa que alguma associação política, em algum momento, não tivesse tomado em suas mãos [...]. Ao contrário, somente se pode, afinal, definir sociologicamente o Estado moderno por um meio específico que lhe é próprio, como também a toda associação política: o da coação física" (Weber, 2000, p. 525).

18 "State capacity is generally defined as the ability of the state to formulate and implement strategies to achieve economic and social goals in society" (Kjaer; Hansen; Thomsen, 2002, p. 7).

A capacidade do governo diz respeito à efetiva conversão pelo governo daquele potencial de instituições e recursos em intervenção política e em formulação e implementação de políticas públicas (Santos, 1997).

Para Weaver e Rockman (1993, p. 6), a capacidade do governo se manifesta, por exemplo, ao definir e sustentar prioridades em meio às demandas contraditórias; coordenar metas conflitantes de modo a transformá-las em um todo coerente; impor perdas a grupos sociais "poderosos"; representar interesses difusos e desorganizados ao lado de interesses mais concentrados e organizados; garantir a execução dos programas do governo, uma vez que tenham sido decididos; administrar as clivagens políticas evitando uma guerra civil.

Todavia, a capacidade institucional para formular objetivos e a capacidade para implementá-los, não raro, atuam de maneira inversa. Contraintuitivamente, a tendência é que, quanto maior a capacidade institucional para implementar objetivos (nas esferas da economia, do meio ambiente, das relações externas, do setor social ou outros), menor a capacidade dos governos para formular objetivos de maneira independente. Isso porque, quando o Estado adquire capacidade de intervenção em determinado campo, agentes individuais e institucionais com interesses convergentes e divergentes ou que sofrem seu impacto tentam controlar o uso dos recursos e influenciar o estabelecimento de objetivos de acordo com suas preferências (Przeworsky, 1995).

No geral, a tentativa de influência é dirigida a áreas e linhas de ação definidas (políticas de assistência social, econômica, externa, de infraestrutura, meio ambiente, segurança, por exemplo). Quando o Estado tem menor capacidade, podendo até ser irrelevante em certas áreas, a tendência é que a pressão sobre os objetivos do governo, naquele campo, também seja menor.

A influência – entendida como "uma relação entre atores tal que os desejos, preferências ou intenções de um ou mais atores afetem a conduta, ou a disposição de agir, de um ou mais atores distintos" (Nagel, 1975, p. 29, citado por Dahl, 1981, p. 26) – pode ser direta ou indireta, visível ou não e pode vir de agentes institucionais e individuais do contexto interno ou internacional.

Com base nessas concepções, a autonomia significa que o Estado é capaz de "formular e perseguir metas que não são simplesmente reflexo de demandas sociais ou interesses de grupos, classes, ou da sociedade" (Skocpol, 1985, p. 126, tradução nossa)[19]. Dito de outro modo, autonomia é a capacidade de "implementar metas [políticas], especialmente sobre a oposição real ou potencial dos grupos sociais poderosos ou em face de circunstâncias socioeconômicas recalcitrantes"[20] (Skocpol, 1985, p. 126, tradução nossa).

Enfim, "o Estado é autônomo quando os governantes têm a capacidade institucional de escolher seus próprios objetivos e de realizá-los diante de interesses conflitantes" (Przeworsky, 1995, p. 46).

Cada uma das teorias destacadas aborda a autonomia do Estado com base em diferentes fundamentos conceituais e metodológicos. A questão de fundo é: Quem governa? No campo teórico das políticas públicas, essa discussão visa responder às seguintes perguntas: Quem tem o poder decisional? Quem participa do processo de tomada de decisão e tem influência sobre ele? Qual é seu peso (na decisão)? Afinal, quem são os formuladores de políticas? Tratamos dessas questões na sequência.

1.2.1 Competência e peso no processo de decisão

Como produto de decisão governamental, política pública compete ao Estado. Na configuração histórica que nos diz respeito, esta é

---

[19] "States conceived as organizations claiming control over territories and people may formulate and pursue goals that are not simply reflective of the demands or interests of social groups, classes, or society. This is what is usually meant by 'state autonomy'. Unless such independent goal formulation occurs, there is little need to talk about states as important actors" (Skocpol, 1985, p. 126).

[20] "implement goals, especially over the actual or potential opposition of powerful social groups or in the face of recalcitrant socioeconomic circumstances" (Skocpol, 1985, p. 9).

a única instituição com recursos legais, administrativos e coercitivos para vincular à decisão (em forma de política pública) toda a comunidade política que abrange.

Todavia, afirmar isso não é contraditório com admitir a existência de grupos de interesse, jogo de influência, enfim, analisar a política da política pública (conforme, preferencialmente, as teorias pluralista e neoinstitucionalista discutem) ou os condicionantes societários e de classe (de acordo com vertentes do marxismo).

Tilly (1996, p. 86) aponta como governante quem resume a tomada conjunta de decisão das pessoas mais poderosas do Estado[21].

Existem formas reguladas ou não de influência e participação na tomada de decisão sobre política pública, desde modalidades institucionalizadas em grupos de interesse, *lobby*, conferências e conselhos, passando por mecanismos institucionais ou não de participação de organizações da sociedade civil, como sindicatos e federações empresariais e trabalhistas, organizações não governamentais e grupos de pressão, até a sociedade civil organizada em movimentos sociais e assemelhados. De qualquer maneira, isso denota capacidade para mobilizar recursos de organização, riqueza, prestígio, coerção ou sanção, entre outros.

Bachrach e Baratz (2011, p. 149, 152) chamam a atenção para as duas faces do poder: a face visível, que é "manifestada pelos indivíduos e grupos que tomam efetivamente as decisões" (ou que impõem o veto a elas, impedindo-as), e a face invisível, que consiste na capacidade de indivíduos ou grupos de confinar "o escopo da tomada de decisões a temas relativamente 'seguros', impedindo que temas potencialmente perigosos para seus interesses e perspectivas sejam objeto de discussão e deliberação

---

21 Em conjunto com governantes seria preciso considerar "uma **classe dirigente** aliada ao governante e que controla os principais meios de produção dentro do território sob a jurisdição do estado; outros **clientes** que gozam de benefícios especiais devido à sua associação com o estado; **opositores**, **inimigos** e **rivais** do estado, de seu governante, da classe dirigente e de seus clientes, tanto dentro quanto fora da própria área do estado; o restante da **população** que está sob a jurisdição do Estado; um **aparelho coercitivo** que inclui exércitos, marinhas e outros meios organizados e concentrados de força sob o controle do estado; e o **aparelho civil** do estado, que consiste essencialmente de organizações fiscais, administrativas e judiciais distintas que operam sob o seu controle" (Tilly, 1996, p. 86, grifo do original).

pública", limitando, assim, "a tomada de decisões a matérias relativamente não controversas". O processo de não decisão é um instrumento por meio do qual temas controvertidos e não seguros a certos interesses são eliminados ou sufocados para que não sejam objeto de debate ou não façam parte da agenda e da política governamental ou, se esta for formulada, para que se evite sua implementação.

Entre os que têm poder decisório estão "atores individuais ou coletivos cujo acordo é necessário para uma mudança do *status quo*". A estabilidade decisória (não mudanças nas políticas) ocorre quando não há concordância. Isto é, "para mudar decisões programáticas [...] certo número de atores individuais ou coletivos deve concordar com a mudança proposta" (Tsebelis, 2009, p. 41). Essas pessoas e instituições – denominadas *veto players* – têm o maior peso no processo decisório.

A concordância nem sempre precisa ser anunciada, mas, no processo de tomada de decisão, são levados em conta os efeitos antecipados de uma política, as reações esperadas. Em certos contextos, podem ter poder de veto o empresariado; as instituições financeiras internacionais (por exemplo, quando condicionam empréstimos e negociações a determinados tipos de políticas); o Legislativo, no sistema presidencialista, quando o Executivo não conta com maioria no congresso; entre outros.

Para a corrente denominada **elitismo pluralista**, há uma minoria de pessoas e grupos organizados que participam da tomada de decisão e há uma maioria dispersa.

Adaptamos de Lindblom (1981, p. 39-40) a seguinte lista de participantes do "jogo do poder":

a. **Formuladoras de políticas**: compõem a minoria que exerce controle sobre o processo de decisão, nesse caso na forma de políticas públicas, e têm autoridade sobre as políticas. Essa elite é composta de autoridades executivas; ministras; congressistas; membros do funcionalismo público de altos cargos; funcionárias do Poder Judiciário; às vezes, comandantes militares; chefes políticas; dirigentes partidárias; membros de conselhos ou outros espaços de deliberação de políticas públicas.

b. **Participantes – especialistas**: líderes de grupos de interesse (empresariais, trabalhistas); membros ativistas de partidos; jornalistas e outras formadoras de opinião; pessoas de negócios; membros de organizações não governamentais nacionais e internacionais; membros de movimentos sociais.
c. **Participantes – especialistas**: funcionárias com conhecimento técnico-especializado, burocratas e pessoal administrativo responsáveis pelo detalhamento e execução da política. A burocracia governamental participa do processo de decisão. Como a implementação e a execução envolvem também decisões, não raro, a implementação e a execução alteram as políticas. Em outras palavras, a "execução faz ou altera a política"; como a legislação e a formulação, no geral, não anunciam completamente a política de forma a cobrir "todas as contingências, todos os casos possíveis [...] a burocracia fica com uma parte maior de autoridade no processo de decisão política, do que podem ter pretendido os congressistas" (Lindblom, 1981, p. 60).
d. **Representantes de governos estrangeiros e organizações governamentais internacionais**: organizações das Nações Unidas e as instituições financeiras internacionais, como Banco Mundial e Fundo Monetário Internacional.
   Obs.: Em algumas ocasiões, integrantes dos grupos (b), (c) e (d) passam a formular diretamente as políticas.
e. **Ações coletivas** (como rebeliões e movimentos sociais): participam no jogo do poder – para isso, manifestações nem precisam ser ativadas, bastando que governantes pautem suas ações sob o constrangimento de efeitos esperados e antecipando reações coletivas[22].

---

22 "Ação coletiva refere-se a fenômenos coletivos que mobilizam um número significativo de pessoas em torno de objetivos pontuais ou históricos (nem sempre claramente explicitados) partilhados ou deliberados de forma comum. No geral, o objetivo é lograr o atendimento ou concretização de demandas políticas, econômicas e culturais – identitárias [...]. As ações coletivas podem ser agrupadas em: lutas armadas e guerrilha; saques, depredações, quebra-quebras e motins; movimentos sociais e fóruns. Organizações não governamentais ativistas (ou ligadas a lutas sociais), embora não possam ser consideradas ações coletivas, têm estreita relação tanto com essa noção quanto com suas práticas" (Kauchakje, 2008, p. 690).

f. **Grupos empresariais:** exercem controle sobre as decisões do governo e sobre o processo legislativo (este item será discutido mais adiante).
g. **Pessoas em geral – que formam a maioria** (não compõem os grupos de formuladoras ou minorias especializadas): impõem conteúdo e restrições à amplitude das preferências e escolhas das decisoras. Isto é, em regimes autoritários ou democráticos, políticas públicas são elaboradas para, de algum modo, atender a necessidades de alimento, treinamento e educação, mobilidade e moradia, por exemplo. Em regimes democráticos, a isso se acrescenta o fato de que pessoas e partidos que almejam ganhar eleições são dependentes do voto nas eleições – o chamado *controle eleitoral da decisão governamental*.

Dahl (1997, p. 25) entende que a conexão entre voto, como expressão das preferências do eleitorado por determinadas políticas públicas, e decisão governamental tende a propiciar "uma contínua responsividade do governo às preferências de seus cidadãos, considerados como politicamente iguais". São politicamente iguais no que se refere ao sufrágio universal, ao voto não censitário e à desigualdade social pouco acentuada entre pessoas e grupos que expressam preferências.

No âmbito da **teoria da escolha racional**, o modelo de Downs (1999, p. 50) inclui a premissa de que a escolha governamental sobre políticas é determinada pela expectativa de voto ou de perda deste (prêmio ou punição de eleitoras). Para vencer eleições, seria preciso descobrir uma relação entre o que o governo faz e as preferências do eleitorado. A proposição ou implementação de determinada política é um meio para obter a vitória no pleito eleitoral, ou seja, "os partidos formulam políticas a fim de ganhar eleições e não ganham eleições a fim de formular políticas".

Assim, por um lado, as instituições políticas ligadas ao sistema eleitoral e partidário induzem à responsividade e ao cálculo racional relativos às preferências de eleitores e à busca de voto; por outro, as normas e as instituições voltadas para a organização e a distribuição do poder e da tomada de decisão, conforme Limongi e Figueiredo (1998) – como as comissões no Legislativo, o papel dos líderes partidários e as regras de interação entre os eleitos, os partidos e os grupos de interesse –, produzem certo afastamento de demandas societárias diretas. Resulta, então, que são constitutivos desse modo de democracia os arranjos institucionais que promovem o vínculo e, ao mesmo tempo, certo insulamento em relação às demandas do eleitorado.

Entretanto, mesmo que as regras democráticas ampliem o número dos que formulam (ou influenciam a formulação de) políticas, esse número ainda é menor do que o conjunto da população de uma sociedade. O processo decisório "imediato está nas mãos de uma elite eleita e um pequeno número de autoridades nomeadas" (Lindblom, 1981, p. 52). Cumpre registrar que, para o autor citado, a participação direta em todas as decisões políticas seria indesejável, já que "uma só decisão política pode exceder o tempo e a competência dos cidadãos" (p. 52), afirmação que seria contestada por argumentos favoráveis à democracia direta, ainda que sua viabilidade a cada tomada de decisão possa ser discutida.

Nas democracias representativas atuais, os canais e espaços existentes de participação direta (plebiscito, referendo e formas de orçamento participativo, por exemplo) são mobilizados de forma intermitente, e os espaços institucionalizados de participação com agenda constante, como os conselhos de políticas no Brasil, têm regras legais que limitam o número de membros, caracterizando-os como *espaços de formação de elites* no sentido em que a teoria do pluralismo elitista usa a expressão, ou seja, o de minoria(s) organizada(s).

Uma análise **neomarxista** sobre as elites e a tomada de decisão parte da observação partilhada com as demais teorias elitistas de que a maioria das pessoas "tem sido governada, representada, administrada, julgada e comandada na guerra por pessoas recrutadas de outras classes, econômica e socialmente superiores [...]" – as minorias (Miliband, 1983, p. 147).

A elite estatal é composta de pessoas que ocupam os principais postos das instituições integrantes do chamado *sistema estatal* e, em cada uma delas, essa elite exerce, em sua especificidade, o poder estatal (Miliband, 1983). A elite estatal exerce o poder político como poder decisório.

Essa ideia sobre Estado e membros da elite estatal pode ser organizada da seguinte maneira:

a. Instituição do sistema estatal – governo.
   Elite estatal: presidente, primeira-ministra, ministras.
   O governo está investido do poder do Estado e fala e age em nome do Estado. Todavia, diante de outros elementos do sistema estatal e internacional, os governos não necessariamente controlam o poder estatal. Por isso, seria equivocado considerar que a tomada do poder governamental equivale à conquista do poder estatal em sua completude (Miliband, 1983, p. 135).

b. Instituição do sistema estatal – administração (elemento burocrático – administrativo).
   Elite estatal: pessoas que ocupam altos cargos no funcionalismo público e na administração governamental.
   A participação de funcionárias e administradoras no processo decisório pode contribuir para que os problemas e assuntos políticos tenham a aparência de questões técnico-administrativas, mas isso não é o que ocorre, pois, independentemente da vontade individual de participantes, é inegável que "o processo administrativo também faz parte do processo político; a administração sempre é política, bem como executiva, pelo menos nos níveis em que o processo decisório é importante, ou seja, nas camadas superiores da vida administrativa" (Miliband, 1983, p. 135).

c. Instituição do sistema estatal – militar e policial (forma o aparelho coercitivo e de segurança do Estado).
   Elite estatal: pessoas com altas patentes militares.
   Exerce o poder estatal na forma de aplicação da violência. Constitucionalmente, as diversas elites estatais compostas de presidente, primeira-ministra, ministras, em conjunto com funcionárias e administradoras, bem como com militares de altas patentes, estão a serviço da primeira instituição do sistema estatal – o governo.

d. Instituição do sistema estatal – Judiciário.
   Elite estatal: juízas das cortes supremas.
   O Judiciário, teoricamente, é uma instituição independente do governo (Executivo) e do Legislativo.
e. Instituição do sistema estatal – Legislativo.
   Elite estatal: principais membros do Legislativo[23].
f. Instituição do sistema estatal – governos subcentrais.
   Elite estatal: líderes nas instituições políticas e administrativas das unidades subnacionais.
   É nessas instituições do sistema estatal que reside o poder do Estado e é por meio delas que esse poder, em suas diversas manifestações, é exercido pelas pessoas que ocupam seus principais postos – a elite estatal (Miliband, 1983, p. 139).

Além da elite estatal, outros grupos sociais e pessoas que não ocupam cargos nas instituições do sistema estatal podem exercer poder e influência sobre o poder político. É o caso de agentes do poder econômico privado e de dirigentes de instituições não estatais de influência, como partidos políticos, grupos de pressão, grandes empresas, igrejas, meios de comunicação. Tais dirigentes são chamados de *elite não estatal*.

Em particular, agentes do poder econômico privado têm ingerência privilegiada nos assuntos públicos, o que ocorre quando transmitem os critérios do mundo de negócios aos problemas e assuntos políticos. "Isso pode parecer uma fuga da política e da ideologia: **é, em realidade sua ingerência clandestina nos negócios públicos** (Miliband, 1983, p. 141, grifo nosso). Ocorre, também, quando agentes do poder econômico privado passam a fazer parte da elite estatal ao ocupar cargos nos ministérios e nas altas esferas da administração pública ou nas instituições financeiras e de serviços do setor público. Com isso passam também a exercer o poder estatal.

---

23 No Brasil, entre os principais membros estão: presidente da Câmara dos Deputados, presidente do Senado, líderes partidários e membros de comissões.

Além disso, a redução da distância entre a elite econômica e o sistema estatal é evidenciada porque: i) a maioria das pessoas que são membros da elite estatal é proveniente das classes altas e médias; ii) quando há o recrutamento de membros da elite estatal entre as classes média-baixa e baixa, essas pessoas acabam por sofrer um processo de aburguesamento, assumindo valores e relações que favoreçam a classe dominante.

Como visto anteriormente, Lindblom (1981, p. 65) também aponta a importância do controle empresarial sobre a decisão governamental e legislativa. Esse controle se dá não apenas porque a elite empresarial maneja volume substancial de recursos nas relações de poder (como riqueza e postos de trabalho), mas também porque, num sistema de mercado, as empresas desempenham funções públicas, embora não governamentais, exercendo "tarefas organizacionais da sociedade", tais como o desenvolvimento e a distribuição dos recursos e dos investimentos, "a organização da força de trabalho [...] a produção siderúrgica, de energia elétrica, de alimentos, os serviços de transporte, diversões etc.".

Juntamente com suas "funções públicas", membros do setor empresarial também ingressam em partidos e grupos de interesse, o que aumenta o peso desse setor e sua posição privilegiada na tomada de decisão e nas políticas governamentais.

Para a vertente que identifica a **dependência estrutural do Estado em relação ao capitalismo**[24] diante das restrições que a propriedade privada dos recursos produtivos impõe à decisão governamental, nenhum governo, independentemente de seus objetivos ou ideologia político-partidária, consegue implementar políticas adversas aos interesses de capitalistas.

---

24 Autores neomarxistas citados neste capítulo estão entre representantes dessa abordagem, cada um à sua maneira.

Quem procura se reeleger precisa antecipar o impacto de suas políticas nas decisões das empresas, já que essas decisões afetam o emprego, a inflação e a renda pessoal de eleitoras, bem como o voto destas. Isso não se deve à vontade individual de governantes, mas aos limites impostos pelas "consequências públicas das decisões econômicas privadas dos capitalistas", as quais configuram a autonomia limitada do Estado. A condição material de qualquer pessoa e instituição (inclusive do Estado) depende das decisões econômicas privadas de quem possui a propriedade da riqueza (Przeworsky, 1995, p. 119-122). Isto é,

> o povo pode ter direitos políticos; pode votar, e os governos podem agir segundo mandatos populares. Os governantes podem ter interesses e concepções próprias. Mas a capacidade efetiva de qualquer governo para atingir qualquer objetivo é circunscrita pelo poder público do capital. A natureza das forças políticas que controlam as instituições do Estado não altera essa situação porque ela é estrutural: uma característica do sistema, e não dos ocupantes das posições governamentais ou dos vencedores das eleições. (Przeworsky, 1995, p. 86)

Portanto, como ficou demonstrado o desdobramento teórico da afirmação inicial desta subseção, a de que política pública é de competência do Estado, não exclui, mas supõe o debate a respeito de integrantes, sua posição e peso, nos processos do exercício do poder de decisão sobre políticas públicas – quem ganha **o que**, quando e **como**, conforme as questões de Lasswell (1950).

Cabe agora responder sobre quem a política pública incide, ou seja, sua abrangência e cobertura. Essa questão tem relação com os tipos de políticas.

1.3 Classificação e cobertura[25]

Com base em sugestões encontradas na literatura, é possível classificar políticas públicas conforme os seguintes critérios: i) cobertura – políticas universais e focalizadas; ii) disputa na arena decisória – políticas distributivas e redistributivas, especialmente; iii) legislação – políticas institucionalizadas e não institucionalizadas; iv) ideologia – políticas de esquerda, de direita, conservadoras e inclusivas; v) relação intergovernamental – políticas reguladas e não reguladas; vi) setores – social, ambiental, econômico, entre outros.

Considerando-se a publicidade, qualquer política abrange toda a população, que, aprovando-a ou não, sendo afetada diretamente por ela ou não, está compulsoriamente sujeita a ela e às suas regras e consequências, assim como mantém o aparato estatal que a formula, a faz cumprir e a implementa. Isso não significa, é claro, que todas as pessoas e territórios são impactados, têm obrigações ou benefícios iguais em relação a uma mesma política. É esperado que, quanto maior a desigualdade social e territorial[26], mais as políticas impactam, positiva ou negativamente, de forma diferente.

Além disso, a despeito do aspecto público das políticas, estas se diferenciam pela **cobertura** territorial e populacional, podendo ser universais ou focalizadas.

A cobertura remete às regras formais que delimitam segmentos sociais a serem contemplados, que passam a ser identificados como destinatários ou público-alvo da política (Lavalle, 2003). O princípio da universalidade está ligado a alguma das variadas concepções de igualdade e de acesso e fruição dos recursos naturais e da riqueza cultural e material. Por **universalização**

---

25 Nesta seção, em especial, agradeço as sugestões e revisões de conteúdo de Evelise Z. da Silva.

26 A desigualdade territorial no Brasil é um dos temas abordados no próximo capítulo.

entende-se a oferta de bens e serviços à totalidade da população, e sua ativação nas políticas públicas sociais e econômicas, especialmente, tem propiciado a formação de Estados de bem-estar social do modelo redistributivista, no qual o Estado desempenha papel central na provisão social, enquanto a família e o mercado têm papéis marginais.

Os artigos sobre direitos e políticas sociais da Constituição Federal de 1988 encaminharam a construção de um sistema de proteção social desse tipo. No entanto, emendas constitucionais e parte da legislação regulamentadora para nortear as políticas públicas sociais restringiram ou alteraram essa orientação (Kauchakje, 2012, 2015; Melo, 2005).

A **focalização**, por sua vez, diz respeito ao direcionamento de recursos e políticas a determinados grupos. Para o caso particular da política social, parte da literatura considera que o caráter de direcionamento, adstrito à focalização, destacaria o cunho residual e compensatório desse tipo de política, característico de contextos em que o papel do Estado nas prestações sociais é marginal em relação à centralidade da proteção social familiar e do fornecimento de bens sociais pelo mercado (Esping-Andersen, 1991; Draibe, 2007). Há também a focalização relativa à discriminação positiva, ou seja, à seletividade como fator de garantia de acesso a bens e serviços às parcelas empobrecidas (Silva, 2010, p. 67) ou a grupos socialmente discriminados. Draibe (1990) indica que, em sociedades com acentuada desigualdade social, a garantia de acesso seria resultado da combinação entre políticas universais e focalizadas.

No Brasil, a legislação social prevê políticas universais e focalizadas – tanto em uma como na outra pode haver a priorização com o objetivo de destinar um acréscimo de recursos, serviços e provisões para determinados grupos sociais. A legislação e os planos de políticas sociais estabelecem prioridades baseadas principalmente em critérios etários (crianças, adolescentes, jovens e pessoas idosas, principalmente), de deficiência, pobreza, gênero (geralmente mulheres responsáveis pela unidade familiar, gestantes e nutrizes) e discriminação étnica (populações quilombolas, indígenas e pessoas com cor de pele negra ou que se declaram como tal).

A título de exemplo, o Quadro 1.1 apresenta a cobertura de algumas políticas sociais brasileiras: a) universais – políticas de saúde, previdência social, assistência social, educação fundamental e segurança alimentar e nutricional; b) focalizadas ou com público-alvo delimitado – Benefício de Prestação Continuada (BPC), Programa de Erradicação do Trabalho Infantil (Peti), Programa Bolsa Família, habitação social; c) com critérios de priorização de grupos específicos – assistência social, segurança alimentar e nutricional, educação e habitação.

Quadro 1.1 – Políticas e programas sociais no Brasil, anos 2000 – cobertura

Áreas da política social	Cobertura		
	Universal	Priorização	Focalização
Saúde	X		
Previdência social	X		
Trabalho	X	X	
Assistência social	X	X	
Transferência monetária – BPC			X
Transferência monetária – Peti			X
Transferência monetária – Bolsa Família			X
Educação	X	X	
Habitação de interesse social		X	X
Segurança alimentar e nutricional	X	X	

Fonte: Brasil, 1988; Kauchakje, 2012, 2015.

Cada grupo de política, ao mesmo tempo que requer a disponibilidade de recursos do Estado para sua realização, distribui e aloca recursos na sociedade (conforme mencionado na Seção 1.2.1 – "Competência e peso no processo de decisão"), beneficiando mais determinados setores e grupos sociais e podendo desfavorecer outros de forma contundente.

Quando a atenção recai sobre conflitos provocados pela alocação desigual de recursos promovidos pelas políticas públicas, estas podem ser classificadas de acordo com Lowi (1972, p. 299), que observa a distribuição de recursos, grupos beneficiados e o potencial de apoio ou rejeição a elas, distinguindo as políticas em distributivas, redistributivas, regulatórias e constitutivas. O autor propõe a análise das políticas levando em conta a **disputa em torno da decisão** e considerando que as "políticas determinam a política", como fica exemplificado a seguir. Para nossos objetivos, interessa retomar os dois primeiros tipos.

Políticas distributivas atingem um número relativamente pequeno de pessoas e privilegiam grupos sociais, grupos de interesse e territórios particulares. As perdas e os ganhos que impõem são difusos. São exemplos as políticas que buscam estabelecer conexões eleitorais, as que atendem a setores corporativos e as focalizadas com baixo impacto redistributivo e reduzida cobertura. Para Weyland (2009, p. 41), as decisões distributivas são politicamente atraentes porque têm vencedores e perdedores difusos – fazem alguns setores felizes sem fazer qualquer um infeliz.

Políticas redistributivas atingem um número relativamente maior de pessoas e buscam alocar recursos entre as camadas da sociedade, impondo perdas concretas e no curto prazo para certos grupos sociais, além de ganhos incertos e futuros para outros. Política tributária e políticas sociais universais ou as focalizadas de ampla cobertura e forte caráter redistributivo têm essas características. Segundo Weyland (2009, p. 41), as decisões redistributivas são um território hostil na arena política justamente porque têm grandes categorias de vencedores e perdedores, o que leva à ausência de consenso político.

Uma forma de classificação utiliza as imprecisas denominações *política de governo* e *política de Estado*. O ponto básico destacado é do âmbito da **legislação**. No caso da primeira, trata-se de uma decisão conformada a um período de governo e governante individual; para a última, governantes têm a obrigação legal de implementar uma política, estando, portanto, sujeitos à sanção se não o fizerem. Isso tem implicações especialmente na duração da política e em seus efeitos no decorrer do tempo e pode estar relacionado com a matéria ou assunto da política.

Entretanto, a terminologia é inadequada, pois toda política pública se configura como decisão governamental e se aloja no âmbito das instituições estatais. Ademais, num Estado de Direito, as chamadas *políticas de governo*, necessariamente, também têm uma base legal.

A diferença é que, enquanto uma política tem as regulamentações e cumpre os requisitos legais para ser implantada, a outra, junto a isso, tem sua implementação imposta pela lei. Como consequência, é esperado que a duração desta última tenda a ser maior, assim como tende a ser menor sua maleabilidade (para mudanças de conteúdo) em comparação com a primeira.

Duração e maleabilidade/resistência são atributos das instituições. Dessa forma, consideramos adequado abandonar o entendimento que relaciona política aos termos *governo* e *Estado* e utilizar como critério de diferenciação a existência de base legal para formulação ou implementação da política. Assim, em uma ponta, haveria **políticas não institucionalizadas**, que, em detrimento de sua existência e eficácia fática, não apresentam previsão ou embasamento legal específico (ainda que decorram de normas gerais, considerando-se que ao Estado cumpre agir, no mínimo, sob legalidade ampla), com tendência a menor duração, sazonalidade e mutabilidade, assim como gerando menos efeitos vinculantes a quem toma a decisão. Em posição oposta, haveria **políticas institucionalizadas**, previstas e reguladas em lei específica, orientadas por procedimentos próprios, com formas e conteúdos mais rígidos, e cujos efeitos, se não perenes, prolongam-se até que outra lei as modifique ou extinga.

Possivelmente, o tipo da política influencia suas chances de ser institucionalizada. Uma proposta de política social redistributiva – de acordo com a classificação de Lowi, caracterizada por gerar conflito e rejeição – tende a ter dificuldade para ser inscrita como lei e direito e a ser mais facilmente implementada por governos com capacidade política, tendo, por isso, sua duração atrelada a resultados eleitorais e ao cálculo racional de candidatas para apoiar sua continuidade ou não. Portanto, políticas redistributivas tendem a ser fragilmente institucionalizadas ou a ser institucionalizadas apenas em um contexto favorável, que supere uma arena acirrada de disputas. Por sua vez, políticas distributivas tendem a ser institucionalizadas.

Jones e Baumgartner (2005) consideram que a **ideologia** é uma propriedade das políticas públicas, podendo ser identificadas como de esquerda ou de direita, por exemplo. Aqui, classificaremos as políticas pelas dimensões da ideologia política e dos valores morais em relação ao estabelecimento de preferências e alocação de recursos.

Políticas de esquerda seriam as que conduzem a uma maior regulação das relações econômicas pelo Estado no sentido redistributivo, da desmercantilização de bens e da diminuição de desigualdades de base econômica. **Políticas de direita**, ao contrário, seriam as que favorecem a mercantilização de bens e recursos sociais, culturais e naturais. A igualdade, para a primeira, é garantida pelo Estado e, para a segunda, segue a lógica do mercado (Esping-Andersen, 1991, p. 88).

Políticas moralmente conservadoras limitam ou criminalizam condutas e identidades consideradas desviantes e que extrapolem valores conservadores sobre o corpo, relações afetivas, identidades, entre outros aspectos. **Políticas moralmente inclusivas** (liberais), por um lado, favorecem ou promovem as expressões e condutas relativas, por exemplo, à identidade de gênero, ao corpo e ao afeto e, por outro, impõem penalidades às pessoas ou instituições que pratiquem ou expressem formas de intolerância.

A classificação de políticas públicas pode tomar como referência as **relações intergovernamentais** e o grau de centralização ou descentralização no âmbito da divisão da autoridade decisional, ou seja, quem formula (*decision-making*) e quem executa (*policy-making*).

Arretche (2010) observa que a diferença de divisão da autoridade decisional dá lugar a políticas do tipo regulada e do tipo não regulada. **Políticas reguladas** são "aquelas nas quais a legislação e a supervisão federais limitam a autonomia decisória dos governos subnacionais, estabelecendo patamares de gasto e modalidades de execução" (Arretche, 2010, p. 603), isto é, políticas cuja formulação é central e cuja execução ocorre nas unidades subnacionais. No Brasil, as políticas de educação, saúde e assistência social são exemplos dessa categoria. **Políticas não reguladas** são aquelas em que a unidade subcentral responsável pela execução da política tem, também, autonomia para tomar decisões. Dito de outro modo, são políticas cuja formulação e execução são das unidades subnacionais. No Brasil, servem como exemplos as políticas de infraestrutura urbana, habitação e transporte público.

A classificação pelo critério das relações intergovernamentais e da autoridade decisional é singularmente importante para a política de habitação.

A partir da Constituição Federal de 1988 e da legislação social vigente, os municípios brasileiros têm um papel preponderante na execução de políticas que são reguladas pela União e, ao mesmo tempo, uma autoridade de decisão (de formulação) limitada sobre essas políticas. Soma-se a isso o fato de que suas decisões de arrecadação tributária, alocação de gastos e execução de políticas públicas são largamente afetadas pela regulação federal.

Entretanto, os estudos de Arretche e também de Melo (2005) apontaram que a divisão de autoridade e responsabilidade no âmbito das políticas sociais reguladas levou os municípios a priorizar gastos, dar continuidade à execução dessas políticas que alteraram padrões anteriores e padronizar essa ação, repercutindo positivamente na diminuição da desigualdade territorial do país[27]. Em algumas regiões em que o padrão histórico é associado com o clientelismo, esse impacto pode ser ainda mais significativo.

Por fim, a dimensão material das políticas, sobretudo o conteúdo e as características de cada uma, também permite categorizá-las por temas ou **setores**, os quais, não raro, seguem ou se ajustam em um arranjo e uma lógica administrativa do Estado. Na

----

27 Esse resultado demonstra que políticas orientam comportamentos e estruturam as relações políticas, conforme a fundamentação teórica apresentada nas seções anteriores.

literatura, há uma separação e especialização, nem sempre fácil de conjugar em termos de referenciais teóricos e metodológicos, entre estudos sobre política pública no geral e cada uma das políticas setoriais (além de suas subdivisões internas), como: econômica, ambiental, social (saúde, educação, assistência social, moradia, segurança alimentar e nutricional, trabalho, entre outras), de cultura, de ciência e tecnologia, de infraestrutura, de segurança.

Síntese

Este capítulo forneceu uma introdução aos instrumentos conceituais para a análise de políticas públicas. Com eles é possível o duplo movimento de apreensão teórica e empírica da política de habitação em sua generalidade como política pública e em sua particularidade setorial. Os próximos capítulos permitem completar o movimento.

Para saber mais

Para que você aprofunde seus conhecimentos sobre esse tema, recomendamos a leitura da bibliografia mencionada no capítulo. Especificamente sobre políticas públicas e sobre políticas sociais no Brasil, indicamos os textos citados das autoras brasileiras Marta Arretche, Celina de Souza, Sonia Draibe, Elaine Behring e Ivanete Boschetti.

Questões para revisão

1. Políticas são linhas de ação perseguidas pelo/por _____ ou realizadas por meio deste(s) órgão(s). (Skocpol; Amenta, 1986)

    Qual é a palavra ou expressão que melhor completa a frase acima?
    a) estado
    b) organizações empresariais

c) organizações trabalhistas
d) organizações da sociedade civil
e) partidos políticos

2. Política pública é o que _____ escolhe(m) fazer ou não fazer. (Dye, 1984)

   Indique a alternativa que melhor completa a frase anterior:
   a) os líderes partidários
   b) o governo
   c) o empresariado
   d) a sociedade civil organizada
   e) os trabalhadores

3. Política pública é uma regra formulada por alguma _____ com o propósito de _____ o comportamento dos cidadãos, individual ou coletivamente. (Lowi, 1985)

   Como a frase acima ficaria se estivesse completa?
   a) Política pública é uma regra formulada por alguma organização não governamental com o propósito de manipular o comportamento dos cidadãos, individual ou coletivamente. (Lowi, 1985)
   b) Política pública é uma regra formulada por alguma autoridade governamental com o propósito de manipular o comportamento dos cidadãos, individual ou coletivamente. (Lowi, 1985)
   c) Política pública é uma regra formulada por alguma organização não governamental com o propósito de instruir o comportamento dos cidadãos, individual ou coletivamente. (Lowi, 1985)
   d) Política pública é uma regra formulada por alguma autoridade governamental com o propósito de influenciar o comportamento dos cidadãos, individual ou coletivamente. (Lowi, 1985)
   e) Política pública é uma regra formulada por alguma pessoa com o propósito de influenciar o comportamento dos cidadãos, individual ou coletivamente. (Lowi, 1985)

4. Conforme literatura citada no capítulo, elencamos alguns participantes do processo de tomada de decisão. Quais você considera centrais para a formulação e implementação de políticas públicas? Explique.

5. Pesquise em jornais, revistas, *sites*, no trabalho ou estágio e escolha um exemplo (atual ou do passado) de política pública. A política pública pode ser de qualquer área, exceto, neste momento, de habitação. Responda às seguintes questões sobre a política escolhida:
    - Quem participa ou participou da formulação da política (considerando que, segundo Lindblom, os próprios implementadores podem ser participantes da tomada de decisão)?
    - Para quem? Pelo critério da cobertura, trata-se de uma política universal ou focalizada ou essa classificação não se aplica?
    - Releia sobre as classificações para análise de políticas públicas na Seção 1.3.
        - Faça o exercício de analisar a política pública de seu exemplo de acordo com cada uma das formas de classificação apresentadas.
        - Explique a classificação. É uma política redistributiva ou distributiva? Por quê? É institucionalizada ou não? Por quê? É de esquerda, inclusiva? Por quê? É regulada ou não? Por quê?

6. Em jornais, revistas, *sites*, no trabalho ou estágio, escolha um exemplo (atual ou do passado) de política de habitação. Responda às seguintes questões sobre a política de habitação escolhida:
    - Quem participa ou participou da formulação da política (considerando que, segundo Lindblom, os próprios implementadores podem ser participantes da tomada de decisão)?
    - Para quem? Pelo critério da cobertura, trata-se de uma política universal ou focalizada ou essa classificação não se aplica?
    - Releia as classificações para análise de políticas públicas na Seção 1.3.

- Faça o exercício de analisar a política de habitação de seu exemplo de acordo com cada uma das formas de classificação apresentadas.
- Explique a classificação. É uma política redistributiva ou distributiva? Por quê? É institucionalizada ou não? Por quê? É de esquerda, inclusiva? Por quê? É regulada ou não? Por quê?

Obs.: No que diz respeito às questões 4, 5 e 6, não se preocupe com respostas certas, mas com o exercício de aprendizagem.

Questões para reflexão

1. Com base no estudo deste capítulo, responda com suas palavras: O que são políticas públicas e qual seria seu objetivo central?

2. Quais são as características específicas da política pública social?

3. Quais são as atrizes ou os atores e as instituições principais com envolvimento na decisão, na formulação e na execução de políticas públicas?

4. A sua resposta à questão 3 está fundamentada ou tem concordância com qual (ou quais) corrente teórica de análise do poder decisional e de políticas públicas?

5. Pense nos indicadores socioeconômicos de países como o Brasil. Qual tipo de política pública social você considera que teria mais impacto para reduzir pobreza e desigualdade social, por exemplo? Seriam as políticas caracterizadas como universais, focalizadas ou uma combinação delas? Por quê?

Obs.: Para todas as questões, não se preocupe com respostas certas, mas com o exercício de aprendizagem.

Sandra Maria Scheffer

CAPÍTULO 2

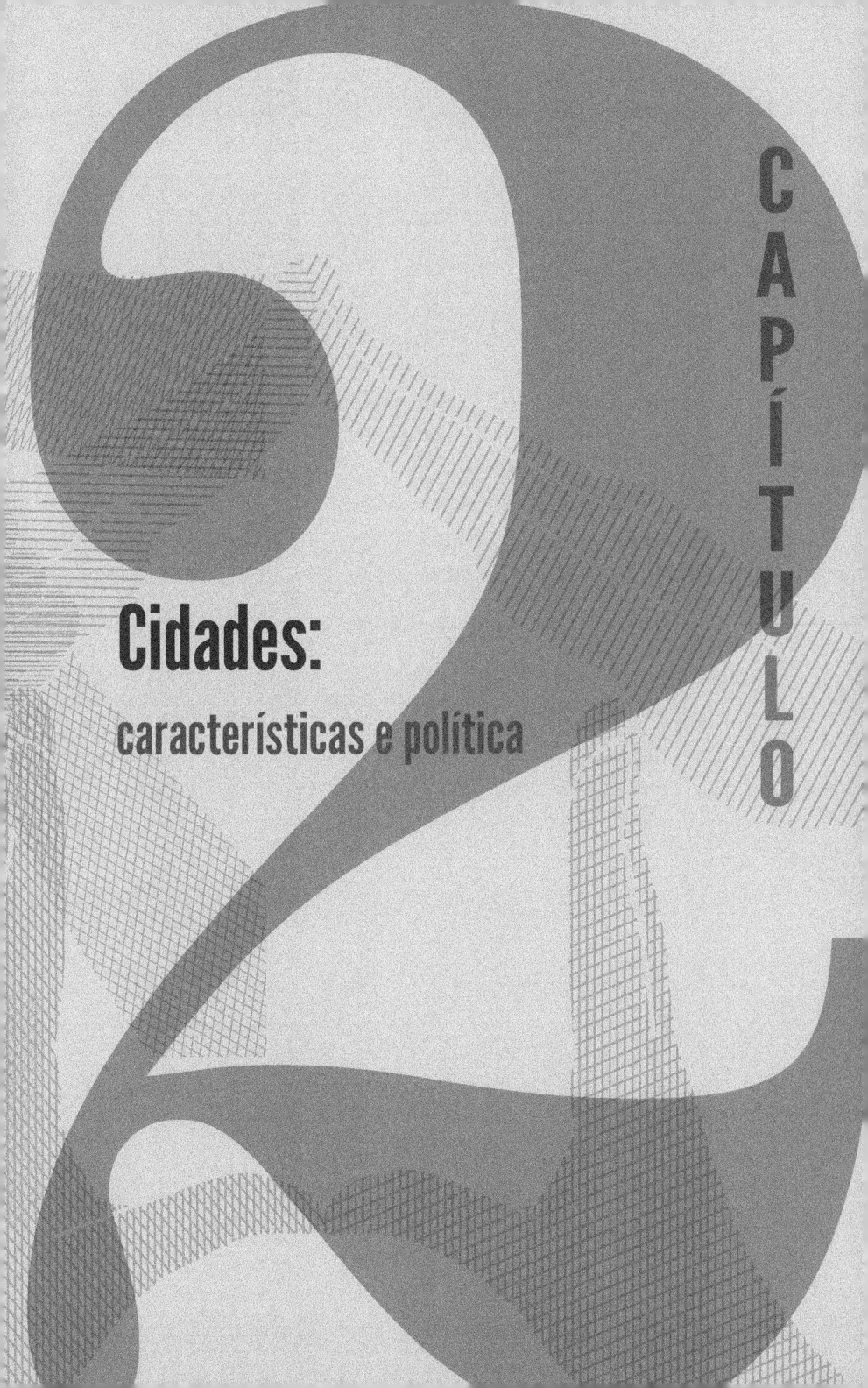

Cidades:
características e política

Conteúdos do capítulo:
- Conceitos de *espaço* e *território*.
- Conceitos de *urbanização, urbano, rural* e *cidade*.
- Conceito de *segregação espacial urbana*.
- Caracterização das cidades no Brasil.
- Indicadores de desigualdade municipais.
- Planejamento urbano.
- Instrumentos, mecanismos e espaços de planejamento urbano.

Após o estudo deste capítulo, você será capaz de:
1. compreender a diversidade de elementos que compõem o cenário das cidades brasileiras;
2. analisar como o planejamento urbano e seus instrumentos de gestão podem ser utilizados no enfrentamento dos problemas.

Neste capítulo, são apresentados alguns conceitos centrais para o estudo das políticas públicas, como os de *espaço, território, cidade, urbano, rural* e *segregação espacial urbana*.

Figura 2.1 – Foto de Curitiba – diversidade de elementos que compõem a cidade

Paulo Nabas/Shutterstock

Também serão examinadas as características de diversidade e desigualdade territorial no Brasil. O conhecimento das particularidades das cidades, da população e suas relações sociais, das políticas internas e exteriores que nelas incidem é parte do processo de planejamento e de implementação de políticas e ações na cidade.

2.1 Concepções fundamentais

Os conceitos apresentados a seguir são pertinentes a diversas áreas acadêmicas, tais como: serviço social, geografia, arquitetura, engenharia e sociologia. Dessa forma, fazem parte das teorias que fundamentam ações dos profissionais de diversos campos ligados à pesquisa, à formulação e/ou à implementação de políticas públicas, em especial a de habitação.

2.1.1 Espaço e território

A concepção do termo permite compreender que o **espaço** não é estático; ao contrário, ele é dinâmico e vai se reproduzindo e sendo moldado com o movimento da sociedade em contínua transformação. É no espaço que as cidades vão se construindo e reproduzindo.

No espaço urbano se fundem os mais diversos interesses. O uso e a ocupação do solo urbano são produzidos historicamente e revelam a dinâmica de cada sociedade, do intercâmbio de seus diversos segmentos sociais.

Aqui, a noção de espaço é analisada com base em Milton Santos e Henri Lefebvre. O primeiro assim define *espaço*:

> O espaço não é nem uma coisa, nem um sistema de coisas, senão uma realidade relacional: coisas e relações juntas. Eis porque sua definição não pode ser encontrada senão em relação a outras realidades: a natureza e a sociedade, mediatizadas pelo trabalho. [...] O espaço, por conseguinte, é isto: um conjunto de formas contendo cada qual frações da sociedade em movimento. As formas, pois, têm um papel na realização social. (Santos, M., 1997, p. 26-27)

Santos (1997, 2008) considera que as relações e as formas são moldadas dialeticamente em uma realidade relacional, em que se expressam as ações de diferentes segmentos sociais, revelando o processo social.

A concepção de espaço possibilita compreender as relações que o circundam, determinadas pelo movimento da sociedade e pelo seu modo de produção. Na práxis social, as pessoas constroem o espaço, que é a ligação dos indivíduos com os objetos mediados pelas próprias relações. O espaço seria um mosaico de relações e de formas. Objetos são produtos da ação humana por meio do trabalho e seu valor varia conforme sua eficácia e sua contribuição para a produtividade.

Santos (2008) discute a concepção de espaço em relação à globalização, que expande a relação espacial por meio dos objetos tecnológicos para o **sistema-mundo** de todos os lugares e de todas as pessoas, porém em graus diferenciados.

Nessa interdependência entre objetos e relações situados em determinado contexto inserido num modo de produção específico é que se expressa o processo social histórico da urbanização. Dito de outro modo, "o espaço é formado por um conjunto indissociável, solidário e também contraditório, de sistemas de objetos e sistemas de ações, não considerados isoladamente, mas como o quadro único no qual a história se dá" (Santos, 1999, p. 51).

Nos textos sobre produção e reprodução espacial, Lefebvre destaca como um elemento fundamental o **tempo**, ou seja, que o espaço apresenta uma perspectiva histórica e aparece no seu movimento de produção e reprodução na qualidade de materialização das relações sociais.

Lefebvre (2008) enfatiza que consumidores, ao adquirirem *locus*, não adquirem só um espaço povoado ou não de prestígio e hierarquia social, mas também uma distância que conecta a habitação aos lugares, assim como adquirem um emprego de tempo, com práticas correspondentes. Dessa forma, a noção de reprodução das relações sociais capitalistas se manifesta nas atividades mais corriqueiras da vida cotidiana, na habitação, no lazer, na utilização do espaço. Na produção e reprodução espacial, a propriedade privada se relaciona com o processo de valorização em busca do lucro. O espaço tornou-se produto vinculado ao valor de uso e de troca, que supõe esse processo de valorização como momento da reprodução contínua do capital.

O espaço, portanto, é uma categoria importante para clarificar a espacialização do ser humano no transcorrer histórico. O acesso aos espaços é mediado pelos modos de apropriação, que determinam por quem e de que modo esses espaços serão utilizados.

O espaço é entendido como uma totalidade que agrupa conjuntos de territórios onde ocorrem inúmeros fatos sociais que variam conforme a organização de cada população que habita, produz e reproduz cada um desses territórios em determinado momento histórico.

A concepção de **território**, originário do latim *territorium*, que significa "o que deriva de terra", traz elementos para elucidar tanto o papel do contexto quanto o do espaço social. Difere do espaço pois é demarcado pelo seu uso, segundo Santos (2005), ou conforme o significado expresso pelas pessoas, de acordo com Koga (2001, 2003) e Sposati (2013).

Uma característica importante para a concepção de território é seu uso. Esse elemento definidor do conceito evidencia como os atores o definem e o utilizam, ou seja, é sinônimo de espaço humano habitado. "É o uso do território, e não o território em si mesmo, que faz dele o objeto da análise social" (Santos, 2005, p. 137).

No território é que se expressam vários elementos da vida das pessoas, como morar, trabalhar, estudar, ter acesso aos serviços, possibilidade de consumir, lazer, possibilidade de deslocar-se, comunicar-se, construir redes de solidariedade. Portanto, o foco é em como se concretizam as relações sociais no território.

Para Koga (2003), os termos *território* e *territorialidade* demonstram a maneira singular como o sujeito se apropria, faz uso da terra, do território. Essa apropriação suscita significados e ressignificados que as pessoas vão construindo por meio de suas experiências de vida em torno de certo território. A história das pessoas e a história do local transmitem os significados criados e recriados na apropriação cotidiana do uso da terra.

Sposati (2013) entende que o território é mais do que um *locus*, ou seja, um lugar, um território não estático. A caracterização do território ocorre por vivências, significados e relações que constroem identidades individuais e coletivas. O conceito se expressa numa concepção dinâmica, do ponto de vista tanto geográfico como político, histórico e sociorrelacional.

Sposati (2013) e Koga (2001, 2003) analisam a relação do território com as políticas públicas. O território vai além do espaço geográfico, é o "chão concreto" das políticas e também um dos elementos potencializadores na redistribuição da qualidade de vida. Em outras palavras, o território é o "chão histórico" onde ocorrem múltiplas relações cotidianas entre as pessoas e se concretiza a identidade de uma política social.

Na esfera das políticas públicas, Sposati (2013) destaca a população, pois, por mais que a gestão da política social dependa de agentes, o atendimento é para a população que ali vive. A autora enfatiza a capacidade profissional de realizar a leitura da vida cotidiana do coletivo, analisando os modos como cada política social incide sobre a vida e as relações da população. Ressalta, também, o desenvolvimento de competências para estabelecer relações intersetoriais que desencadeiem uma pactuação com base no conhecimento das demandas e o estímulo à gestão participativa. Também advoga a criação de um conselho territorial do conjunto dos serviços.

Portanto, o território é uma categoria a ser considerada na análise e também na formulação e implementação de políticas públicas, pois expressa a vida coletiva e é o "chão", ou seja, o *locus* da vivência e do exercício da cidadania.

2.1.2 Urbanização, urbano, rural e cidade

Termos como *urbanização*, *urbano*, *rural* e *cidade* têm similaridades, diferenças e falsa oposição. Esta subseção tem como objetivo esclarecer características constituintes de cada um deles.

A urbanização é um processo social e historicamente construído que exprime a disseminação do urbano como expressão das relações sociais ao mesmo tempo que incide sobre elas. Conforme Castells (2000), tanto *urbano* como *urbanização* expressam a necessidade de encaminhar a análise para o conhecimento do processo social. Isto é:

> Explicar o processo social que está na base da organização do espaço não se reduz a situar o fenômeno urbano no seu contexto. Uma problemática sociológica da urbanização deve considerá-la enquanto processo de organização e de desenvolvimento, e, por conseguinte, a partir da relação entre forças produtivas, classes sociais e formas culturais (dentre as quais o espaço). (Castells, 2000, p. 36)

Urbanização é um conceito mais abrangente que *concentração espacial* de uma população dentro de certos contornos de dimensão espacial e densidade demográfica, como também vai além de uma difusão do sistema de valores, atitudes e comportamentos da denominada *cultura urbana*. Existe uma ligação entre essas duas delimitações, concentração espacial e sistema de valores, podendo ser esta uma forma de se entender o urbano, que, no entanto, não se esgota nessa junção de definições.

Outra característica considerada por Castells (2000) é a relação entre industrialização e urbanização. O autor considera que são processos que apresentam relação, mas nem toda urbanização advém da industrialização. Em certas sociedades, a urbanização é precedente à industrialização. O que ocorre é que esta última, ao trazer subsídios importantes para seu funcionamento, como mão de obra, matéria-prima, transporte e locais propícios para sua instalação, acaba provocando e intensificando a urbanização.

Para estudar a urbanização, é fundamental analisar a lógica da mobilidade do capital e do trabalho, pois é por meio de sua intensificação, com a ampliação da concentração e da centralização, que se colabora para modificar a distribuição das atividades produtivas e das diversas classes sociais no território. Assim, a urbanização deixa de estar conectada somente ao urbano, à cidade, à concentração de imóveis e pessoas, ao comércio, aos serviços e às infraestruturas. A urbanização passa a ser um processo mais amplo e passa a se referir também a processos gerais e socioeconômicos no meio rural.

Urbano expressa um modo de vida e de pensar que ultrapassa os limites da cidade. Conceitualmente, não podemos falar mais dos conceitos clássicos de *urbano* e *rural* (relacionando o primeiro à cidade e o segundo ao campo), pois *urbano* e *rural* não são termos antônimos, mas dimensões associadas do mesmo fenômeno societário, interligadas e mutuamente determinantes.

A superficial separação entre o urbano e o rural é mais conceitual e para fins de demarcação territorial, mas, de fato, existe uma relação de mútua dependência e de articulação entre produção, consumo e estilos de vida.

Para Monte-Mór (2006), há um modo de ser urbano em que o capital é influenciado pela transição das características urbanas; logo, esse modo de ser urbano seria majoritário, visto ser o capital o grande influenciador. O autor entende por *urbanização extensiva* a ampliação do tecido urbano. As cidades crescem socioespacial e virtualmente num modo urbano, portanto o urbano se difunde e se integra ao rural.

O urbano vai sendo moldado de acordo com a lógica do capital, gerando modificações sobre o campo. Rural e urbano são elementos socioespaciais que se inter-relacionam, mas o modo urbano tem preeminência, já que o campo produz e se relaciona intensivamente com as cidades. O urbano é um modo de pensar e agir que se difunde extensivamente, isto é, uma pessoa pode morar em um território rural, mas ter hábitos urbanos, ou seja, pensar e agir com características urbanas, como também seu trabalho pode ser conduzido pela lógica urbana, portanto o urbano extrapola limites predeterminados de território. Castells (2000) aborda a cultura urbana para explicar as características que as pessoas apresentam em um modo de ser urbano.

A **cidade** é a forma espacial resultante de um processo social e histórico de urbanização. Tem como características a diversidade, a desigualdade, o fato de ser polo das decisões políticas e *locus* de difusão do urbano.

A diversidade se expressa nos diferentes padrões culturais, classes sociais, religiões, formas arquitetônicas e todos os modos de convivência, entre tantas outros, que imprimem a dinâmica do fenômeno da urbanização.

Lefebvre (1999) diferencia os conceitos de *cidade* e *urbano*. A cidade é um objeto concreto, passível de ação, ou seja, é o espaço vivido. O urbano é um fenômeno, portanto dinâmico e mutável, ultrapassando os limites da cidade.

O Instituto Brasileiro de Geografia e Estatística (IBGE, 2016) distingue os conceitos de *município* e *cidade*. Define *município* como a unidade de menor hierarquia dentro da organização político-administrativa do Brasil, abrangendo a área rural e urbana, e *cidade* como uma localidade com um aglomerado permanente de habitantes caracterizada como sede de município e centro das decisões políticas na área urbana.

2.1.3 Segregação espacial urbana

Uma das características que expressam a desigualdade nas cidades é a segregação socioespacial. A segregação espacial produz uma organização social que demonstra espacialmente as diferenças entre ricos e pobres, ou seja, é produto da existência de classes sociais. É um processo que cria uma propensão à organização espacial em áreas de forte semelhança social.

Segundo Castells (2000, p. 250), a segregação urbana é "a tendência à organização do espaço em zonas de forte homogeneidade social interna e com intensa disparidade social entre elas, sendo esta disparidade compreendida não só em termos de diferença, como também de hierarquia".

A renda salarial é um determinante que causa a definição do espaço ao qual as pessoas podem ter acesso. A localização diferenciada no espaço urbano reproduz uma sociedade de classes, aflorando a segregação socioespacial.

A segregação se manifesta principalmente por meio da distribuição das moradias no espaço urbano, o que gera diversidades de padrões sociais, econômicos e culturais. Determinado espaço urbano pode ser identificado quando está padronizado pelas características das residências e da população residente.

Numa cidade capitalista, a **segregação residencial** é caracterizada por meio do *status* do bairro, do preço da terra, da disponibilidade de recursos públicos, da acessibilidade e da eficiência dos meios de transporte. Essas características, aliadas a outras mais, como acesso à infraestrutura, podem diferenciar o valor de certas áreas da cidade em detrimento de outras.

A implantação de programas habitacionais pode ser compreendida como uma forma de **segregação imposta**, pois, ao atender a certas demandas, tendo como um dos principais critérios a renda salarial, que proporciona um perfil das usuárias que se assemelham, cria bairros padronizados, podendo ser para famílias de menor poder aquisitivo ou para a formação de bairros seletivos na cidade, ou seja, bairros de *status*, de famílias de maior poder aquisitivo.

A **segregação compulsória** é o processo de deslocamento das pessoas com baixa renda para áreas precárias, geralmente locais periféricos que agrupam famílias de várias gerações submetidas às desigualdades, à miséria e à discriminação.

Outra característica que expressa a segregação é a **autossegregação**. Segundo Romero (2005), refere-se "às ações de certos grupos sociais caracterizados pelo elevado poder de compra e de mobilidade residencial que se isolam ou se concentram em determinadas áreas como forma de reprodução de seu poder político e social". Ocorre principalmente com classes médias e altas que vão morar em condomínios fechados no interior da cidade ou até em lugares distantes dos centros urbanos. A autossegregação tem como objetivo buscar qualidade de vida e segurança, deixando-se "do lado de fora" tudo o que for considerado como ameaçador, perigoso ou incômodo.

Essa configuração espacial gera impactos que vão além do aprofundamento da segregação socioespacial, limitando a mobilidade entre os territórios populares e os espaços fechados. Essa classificação evidencia a separação socioespacial que define a segregação como uma distribuição espacial desigual delimitada pelas condições socioeconômicas, mas também pelo *design* arquitetônico e por um planejamento urbano diferenciado (Gottdiener, 1997).

2.2 Cidades no interior da cidade

O acesso à cidade ocorre de modo diferenciado entre classes e segmentos da população e gera a produção de duas cidades: a formal ou legal e a informal ou ilegal (Maricato, 2001, 2003). A **cidade formal** está legalizada conforme o planejamento da cidade, com possibilidade de acesso a infraestrutura e equipamentos públicos e com pessoas com maior renda. A **cidade informal** ou **ilegal**, mesmo que legítima, é precária, com ausência de infraestrutura e serviços e uma população de baixa renda.

Figura 2.2 – Cidade formal ao lado da cidade informal – Belo Horizonte

Fred Cardoso/Shutterstock

A relação entre essas duas cidades no interior de uma mesma cidade é de dependência estrutural, porém nem sempre é percebida. Pelo contrário, as diferenças de configuração urbana podem gerar uma ideia de ausência de interações recíprocas entre elas ou de que a única interação consista em uma relação conflitante de convivência entre as partes.

A sociedade capitalista precisa de ambas para sua manutenção, pois elas interagem, uma moldando a outra, tanto nas suas configurações espaciais, acentuando as características de segregação, como na relação econômica e social.

Para Maricato (2001), a cidade informal torna-se funcional, pois apresenta características para a manutenção do sistema capitalista, proporcionando o barateamento da força de trabalho, assim como se reflete sobre a definição de investimentos públicos conduzidos pela lógica da extração concentrada e privatista da renda fundiária. Dessa maneira, "A ilegalidade é tolerada porque é 'válvula de escape' para um mercado fundiário altamente especulativo" (Maricato, 2001, p. 83).

A autora explica que a ocupação do solo na cidade ilegal obedece a uma estrutura informal de poder em que a lei de mercado é aplicada de forma arbitrária, precedendo as leis e normas jurídicas que conduzem a cidade legal. "Regulação exagerada convive com total *laissez faire* em diferentes áreas de uma mesma cidade" (Maricato, 2001, p. 83).

A cidade informal se enquadra no conceito de *urbanismo de risco*, um fenômeno que expressa a relação entre expansão urbana ilegal e exclusão social. Ocorre uma concentração espacial das pessoas mais vulneráveis, privando-as do acesso a recursos no entorno urbano. Esse fenômeno abrange todo o conjunto de formas consideradas assentamentos ilegais, como favelas, loteamentos irregulares e cortiços.

Curiosidade: favela

Você sabia que o termo *favela* que usamos para designar uma situação de moradia precária e ilegal é proveniente de um acontecimento histórico do nosso país e também da denominação de uma planta que pertence à flora brasileira? Sim, o fato histórico foi a Guerra de Canudos, que ocorreu entre o final do século XIX e o início do século XX, e a planta é uma árvore com o nome *favela*.

Antônio Conselheiro, líder da Guerra de Canudos, conduziu milhares de sertanejos que estavam revoltados com a situação em que viviam a criar a cidadela de Canudos, no interior da Bahia, próximo ao Morro da Favela, que tinha esse nome pelo fato de lá haver árvores de favela.

O governo mandou diversas expedições contra Canudos, onde ocorreram sangrentas batalhas, e perdeu três delas porque os soldados, que não conheciam a favela, não sabiam que ela tinha espinhos (nas folhas, nos galhos, nas frutas) muito doloridos ao toque. A quarta e mais trágica batalha foi vencida pelos soldados, que observaram de cima do Morro da Favela o aglomerado de casas desordenadas e derrotaram Antônio Conselheiro.

Os soldados que sobraram, voltaram para o Rio de Janeiro na esperança de ter o reconhecimento pela vitória, mas não foi isso que ocorreu. Foram hostilizados pelo povo, desconfiado de que a batalha teria se constituído em um massacre, e não receberam o soldo pelo combate. Diante da situação, resolveram se instalar no Morro da Providência, atrás do Ministério da Guerra, onde construíram casebres precários separados por becos estreitos, originando a primeira favela no Brasil.

Apelidaram esse morro de *Morro da Favela*, e o nome se estendeu genericamente para outras situações semelhantes. Mais tarde, o morro voltou a ser chamado de *Morro da Providência*, para se distinguir das demais favelas.

Dica: Assista a um documentário sobre a árvore favela no *site* Um Pé de Quê? Disponível em: <http://www.umpedeque.com.br/arvore.php?id=608>. Acesso em: 3 maio 2017.

Rolnik (1997) define *urbanismo de risco* como

> aquele marcado pela insegurida, quer do terreno, quer da construção, ou ainda da condição jurídica da posse daquele território. As terras onde se desenvolvem esses mercados de moradia para os pobres são, em geral, justamente aquelas que, pelas características ambientais, são as mais frágeis, perigosas e difíceis de ocupar com urbanização: encostas íngremes, beiras de córregos, áreas alagadiças. [...] O risco é, antes de mais nada, do morador [...]. Mas, nesse caso, o urbanismo é de risco para a cidade inteira [...]. (Rolnik, 1997, p. 7)

A existência de duas cidades, formal e informal, é proveniente de múltiplos determinantes, entre eles os diferentes valores da terra urbana, que implicam uma distribuição espacial da população conforme a possibilidade de arcar com os custos de localizações específicas.

As áreas consideradas mais adequadas à urbanização e mais bem localizadas têm um preço mais elevado e somente quem tem condições de dispor desse valor tem acesso a elas. A população de baixa renda compra ou aluga imóveis em áreas mais desvalorizadas pelo mercado imobiliário ou acessa a moradia por meio de programas habitacionais de Companhias de Habitação (Cohabs), também em áreas periféricas e que apresentam insuficiência de serviços urbanos básicos. A falta de acesso à moradia ainda leva as parcelas mais pobres da população urbana a viver em habitações inadequadas e de precária situação sanitária, de forma desordenada e sem infraestrutura, em terrenos pertencentes ao Poder Público ou em áreas desocupadas pertencentes a particulares e em regiões ambientalmente frágeis: fundos de vale, encostas, áreas próximas a rodovias e ferrovias, abaixo de linhas elétricas de alta tensão, áreas de proteção ambiental (APPs), entre outras.

Nas partes da cidade produzidas informalmente, onde estão os assentamentos ilegais, a relação entre os processos de construção do espaço e as condições precárias de vida urbana gera situações de risco e problemas socioambientais que afetam tanto o espaço físico quanto a saúde pública. Nos assentamentos, o risco de enchentes, desabamentos e contaminações com resíduos é alto e as condições precárias das moradias podem favorecer a ocorrência de incêndios e a difusão de doenças em virtude do ambiente insalubre. Paralelamente, a degradação ambiental se aprofunda, gerando impactos ambientais provenientes de desmatamento, queimadas e ocupação desordenada, entre outros fatores.

Figura 2.3 – Ocupação irregular

guentermanaus/Shutterstock

A não intervenção sobre o fenômeno que envolve a urbanização de risco afeta diretamente aqueles que não têm renda suficiente para garantir o acesso à moradia digna, ratificando, assim, a pobreza urbana.

No processo de urbanização, o planejamento urbano pode ser conduzido de modo a evitar maiores problemas tanto para a população como para o espaço físico, pois, ao se estabelecerem em áreas de preservação ambiental, as pessoas podem ser vítimas das áreas de risco, assim como gerar a degradação ambiental de encostas, arroios, riachos e da mata ciliar.

No trabalho com o urbanismo de risco, algumas formas de intervenção podem ser implementadas, como a regularização fundiária e a realocação das famílias residentes em áreas de risco. Para tanto, esses programas devem ser vinculados aos instrumentos de planejamento urbano presentes na cidade e que compõem o conjunto de medidas para mitigar os problemas advindos do processo sócio-histórico da urbanização e a consequente degradação do meio ambiente.

A regularização fundiária visa à urbanização de assentamentos ilegais, proporcionando acesso a infraestrutura e equipamentos públicos, bem como reconhecimento da territorialidade edificada no espaço urbano. Significa integrar essas pessoas sem esquecer que esse processo deve ir além das alterações físicas no local e requer ações concretas que incidam sobre as condições de vida das populações, por meio de políticas sociais associadas a políticas urbanas (Maricato, 2001).

A realocação das famílias é um programa a ser utilizado em casos de riscos, porém essa forma de intervenção também é empregada em casos de expansão da área urbana para determinada finalidade, o que gera controvérsias e discussões sobre a ação. A remoção de famílias situadas em áreas de risco exige novas moradias para essa população. Para esse programa, é importante considerar o distanciamento entre o local de origem e o empreendimento, pois estão envolvidas relações sociais e de trabalho que geram impactos sobre a vida das pessoas, além do investimento que os residentes na área realizaram na construção de suas casas. Esses pontos incidem sobre a vontade ou não das famílias envolvidas de participar dessa ação.

Programas de regularização e realocação exigem uma abordagem integrada de diversas políticas públicas para atingir todas as facetas da vida social em um empreendimento compartilhado entre as diferentes esferas de governo. Esses programas são relevantes para modificar a situação de ilegalidade; contudo, segundo Maricato (2003), é necessário considerar que a essência das ocupações ilegais e da produção dessa cidade informal está na ausência de uma política pública que abranja a ampliação do mercado legal privado. A autora afirma que favelas e loteamentos ilegais continuarão a se reproduzir enquanto o mercado privado não for acessível e os governos não apresentarem alternativas habitacionais para as famílias de baixa renda.

Engels (1979) entende que problemas habitacionais e falta de moradia são inerentes à ordem social capitalista, pois

> uma sociedade não pode existir sem problemas de habitação quando a grande massa de trabalhadores dispõe apenas do seu salário, isto é, da soma dos meios indispensáveis à sua subsistência e à sua reprodução. [...] Numa tal sociedade, a crise da habitação não é um acaso, é uma instituição necessária. (Engels, 1979, p. 24)

Para poderem adquirir uma moradia via mercado formal, trabalhadores precisam vender sua força de trabalho, a fim de que, com seu salário, consigam pagar por esse bem. Entretanto, muitos não conseguem, somente com seu salário, cobrir o valor de uma casa, necessitando recorrer a outras formas de atendimento da necessidade de moradia, como é o caso das alternativas habitacionais que formam a cidade ilegal.

2.3 Caracterização das cidades no Brasil

Nesta seção, serão descritas algumas características que estão presentes nas cidades brasileiras, entre as quais existem contrastes profundos, assim como se percebem condições urbanas distintas no interior da mesma cidade.

Essas características são provenientes de um processo histórico que se constrói e se transforma de acordo com determinantes econômicos, sociais, políticos e culturais de cada sociedade e se integra ao movimento global da lógica capitalista. A organização do espaço vai sendo modificada de maneira diversa e complexa.

> Em cada momento histórico os modos de fazer são diferentes, o trabalho humano vai tornando-se cada vez mais complexo exigindo mudanças correspondentes às inovações. Através das novas técnicas vemos a substituição de uma forma de trabalho por outra, de uma configuração territorial por outra. [...] O homem vai construindo novas maneiras de fazer coisas, novos modos de produção que reúnem sistemas de objetos e sistemas sociais. (Santos, M., 1997, p. 67)

No Brasil, o processo de urbanização passou por algumas fases distintas. Durante a época colonial, a formação das cidades representava o centro administrativo e de poder comercial, portanto era eixo de gerenciamento e de escoamento da produção. As principais cidades na época eram as portuárias, porque eram elo entre a produção e a exportação.

Essa fase de colônia agroexportadora apresentava como característica a monocultura, técnica rudimentar de trabalho com mão de obra escrava e sem uma identidade política e social. Conforme Sposito (2000, p. 40), "As cidades coloniais tinham um caráter político-administrativo, militar-defensivo e de recepção e escoamento de mercadorias".

Com a chegada da família real ao Brasil em 1808, ocorreu um desenvolvimento dos centros urbanos com a reestruturação das cidades. Durante a época do Império, as cidades tinham a função de centro de poder administrativo, político e comercial. Também foi a fase de interiorização, ampliando a formação de novas cidades. Essa fase foi marcante, pois passou a remodelar a configuração espacial do Brasil, intensificando-se com a independência em relação a Portugal em 1822.

Com a abolição da escravidão em 1888 e a substituição da força de trabalho dos escravizados pela dos imigrantes assalariados, os centros urbanos desenvolveram-se como centros comerciais, para atendimento das necessidades de consumo dos imigrantes. Contudo, essa modificação acarretou novas demandas sociais e econômicas para a sociedade, pois a população negra liberta passou a ter necessidades de moradia, trabalho etc.

Proclamada a República em 1889, a estrutura societária mudou em virtude da desestruturação do Império e da alteração nas relações de trabalho proveniente do fim da escravidão e do assalariamento dessa força de trabalho.

Essa dinâmica se aprofundou com o esgotamento do modelo agroexportador, quando as grandes monoculturas voltadas para a exportação entraram em declínio e grandes centros, como São Paulo, Rio de Janeiro e Minas Gerais, passaram a atrair a população rural para as cidades.

Conforme Silva (1989), antes de 1930, apesar de a rede urbana ser bastante simplificada e polarizada, as cidades eram consideradas fundamentais, pois nelas se estabeleciam as ligações da produção com a circulação internacional, além de ser nesses espaços que se concentravam os aparelhos do Estado, que controlavam a produção agroexportadora, sendo a sede do controle burocrático e do capital comercial.

A década de 1930 representou uma alteração histórica, principalmente pela passagem da predominância do modelo agroexportador para o modelo urbano-industrial. Com uma crescente intervenção estatal, buscou-se um novo modelo, que seria pautado em um nacionalismo econômico focado no incremento da industrialização.

Na década de 1950, preconizava-se a modernização por meio da indústria, articulando-a com as multinacionais. O incentivo à industrialização começou a atrair a população para as cidades, alterando o perfil destas, principalmente em sua estrutura interna, em suas formas espaciais, em decorrência do crescimento populacional e da não absorção de toda a mão de obra disponível.

Silva (1989) evidencia que as demandas urbanas por trabalho foram superiores à oferta pela industrialização, o que incentivou o crescimento do setor terciário e da economia informal nas cidades, assim como de um amplo exército industrial de reserva. As cidades, como formas espaciais produzidas socialmente, condicionam e são reflexos das transformações que ocorrem no modo de produção capitalista. A população com menor poder aquisitivo foi se estabelecendo nas periferias, cada vez mais distantes, gerando um crescimento desordenado e segregatório das cidades.

Na década de 1960, o Brasil passou por uma de suas fases mais marcantes com o Golpe de 1964, que instituiu a ditadura militar. O desenvolvimento econômico do país era definido como modernizante conservador: modernizante porque buscava ativar a industrialização com um modelo moderno para a economia; conservador porque foi realizado por uma elite econômica e política que não preconizou a melhoria na distribuição de renda nem a reforma agrária. Por isso a estruturação da sociedade marcada pela desigualdade de renda e de riqueza não se alterou, preservando o *status quo*. Sobre essa fase, Paulo Netto (1991, p. 31) assim se pronuncia: "Analisado quantitativa e qualitativamente o período ditatorial, não resta nenhuma dúvida de que esta projeção histórico-societária, a que cabe perfeitamente a caracterização de modernização conservadora, realizou-se exemplarmente, amarrando toda a ordenação da economia brasileira".

A partir da segunda metade do século XX, o Brasil passou por um processo de urbanização acelerado, e os problemas urbanos foram se acumulando. O crescimento da população urbana na década de 1960 registrava o índice de 44,67% e na década de 1970 já havia chegado a 55,92% (ver Tabela 2.1), ou seja, com esse incremento populacional, a relação rural-urbana se inverteu.

Foi na década de 1980 que setores da população pressionaram e reivindicaram abertura democrática. Ocorreram algumas conquistas, como o fim do período ditatorial e a promulgação da Constituição Federal em 1988, referendando temáticas não abrangidas em constituições anteriores, como assistência social, previdência, saúde e política urbana.

A partir da década de 1990, várias situações foram alterando o cenário conjuntural. O Estado passou por um processo de reforma por meio de desregulamentações, desestatizações e da redução de gastos públicos na área social. Concomitantemente a esses baixos investimentos em infraestrutura social, a concentração populacional na área urbana teve uma aceleração. Nas últimas quatro décadas, o crescimento urbano do país, conforme dados do IBGE (2011), também indicados na Tabela 2.1, ocorreu deste modo: em 1940, 31,24% das pessoas moravam nas cidades; em 1970, 55,92%; e, em 1991, 75,59%. Já em 2000, 81,23% da população se encontrava nos centros urbanos, fazendo com que o século XXI iniciasse com grandes contingentes populacionais urbanos.

Tabela 2.1 – Taxa de urbanização – Brasil e regiões – 1940 a 2010

Região	1940	1950	1960	1970	1980	1991	2000	2007	2010
Brasil	31,24	36,16	44,67	55,92	67,59	75,59	81,23	83,48	84,4
Norte	27,75	31,49	37,38	45,13	51,65	59,05	69,83	76,43	73,53
Nordeste	23,42	26,4	33,89	41,81	50,46	60,65	69,04	71,76	73,13
Sudeste	39,42	47,55	57	72,68	82,81	88,02	90,52	92,03	92,95
Sul	27,73	29,5	37,1	44,27	62,41	74,12	80,94	82,9	84,93
Centro-Oeste	21,52	24,38	34,22	48,04	67,79	81,28	86,73	86,81	88,8

Fonte: IBGE, 2011.

O Brasil, atualmente, é um país predominantemente urbano, com mais de 84% de sua população morando nas cidades, ou seja, na sede do município. Segundo dados do IBGE (2011), o grau de urbanização passou de 81,2% em 2000 para 84,4% em 2010, o que representou um acréscimo de quase 23 milhões de habitantes nas cidades.

O Censo Demográfico 2010 realizado pelo IBGE (2011) mostrou a continuidade do processo de incremento no volume da população urbana. Esse acréscimo ocorreu majoritariamente em função das perdas populacionais rurais para áreas urbanas e pelo próprio crescimento vegetativo nas áreas urbanas.

As diferenças entre as regiões do Brasil apresentadas na Tabela 2.1 demonstram que o incremento na área urbana de cada região apresenta características distintas. Nas Regiões Norte e Centro-Oeste houve um decréscimo da população rural de 313.606 e 31.379 habitantes, respectivamente. A Região Sudeste foi a que mais perdeu população rural, passando de 6,9 milhões para 5,7 milhões, e a Região Sul teve uma perda de população rural de mais de 600 mil habitantes, chegando a 4,1 milhões em 2010. A Região Nordeste, região que mais concentra população rural do Brasil (14,3 milhões), teve uma perda de pouco mais de 500 mil habitantes em áreas rurais (IBGE, 2011).

A divisão territorial do Brasil e a delimitação e classificação dos municípios em rurais e urbanos foi inicialmente definida na legislação pelo Decreto-Lei n. 311, de 2 de março de 1938 (Brasil, 1938), que dispunha sobre a divisão territorial do país e definia no, em seu art. 3º, que "a sede do município tem a categoria de cidade e lhe dá o nome", independentemente de suas características estruturais e funcionais, e a área rural seria denominada *distrito* ou *vilas*. Na época, todas as cidades foram consideradas urbanas, ainda que fossem diminutos povoados ou vilarejos. Para futuras cidades, seria exigida a existência de pelo menos 200 casas e, para futuras vilas (sedes de distrito), um mínimo de 30 moradias.

Autores como Veiga (2002) e Rodrigues (2014) entendem que o Brasil é menos urbano do que é apontado pelos índices aplicados pelo IBGE, o qual considera que toda população residente em sede de município é urbana, independentemente do tamanho dessa população e da complexidade de sua economia e suas relações sociais. Os autores defendem que a definição baseada apenas em um critério político-territorial é insuficiente para compreender essa realidade e que outros elementos deveriam ser incorporados.

Legalmente, o Estatuto da Cidade de 2001 não trouxe modificações conceituais sobre o assunto. Em 2009, foi elaborado o Projeto de Lei do Senado 316/2009 e, em 2011, o Projeto de Lei da Câmara de Deputados 1327/11, que criavam uma nova classificação para municípios rurais e urbanos. Pelos textos, a classificação seguiria critérios populacionais, de densidade demográfica e de composição do Produto Interno Bruto (PIB), porém esses projetos foram arquivados em 2014 e 2015, respectivamente.

É importante destacar que o Brasil, diferentemente da maioria dos países, considera o município como unidade da Federação, conforme a Constituição Federal de 1988. A organização político-administrativa da República Federativa do Brasil é constituída por União, Distrito Federal, estados e municípios.

Na divisão territorial do poder entre unidades subcentrais, os municípios são as menores unidades autônomas administrativamente da Federação e são regidos por leis orgânicas municipais.

Em 2015, o conjunto dos 5.570 municípios, de acordo com o IBGE (2015), perfaziam uma população estimada de 204,5 milhões de habitantes nos 26 estados e no Distrito Federal (ver Tabela 2.2).

Tabela 2.2 – Número de municípios no Brasil constantes nos Censos Demográficos – 1950 a 2015

	1950	1960	1970	1980	1991	2000	2010	2015
Número de municípios no Brasil	1.889	2.766	3.952	3.991	4.491	5.507	5.565	5.570

Fonte: Elaborado com base em IBGE, 2011, 2015.

Diante da extensão territorial brasileira com 5.570 municípios, as diferenças são muito evidentes. A diversidade se expressa por meio de vários elementos, como número de habitantes, localização, dimensões territoriais, riqueza natural, formação histórica e cultural.

É interessante observar que o Brasil é constituído por uma concentração populacional em grandes centros urbanos e muitos municípios com poucos habitantes.

Aproximadamente 68,67% dos municípios brasileiros têm até 20 mil habitantes e 0,74% do total dos municípios tem mais de 500 mil habitantes (ver Gráfico 2.1).

Gráfico 2.1 – Distribuição da população e dos municípios segundo grupos de tamanho populacional dos municípios

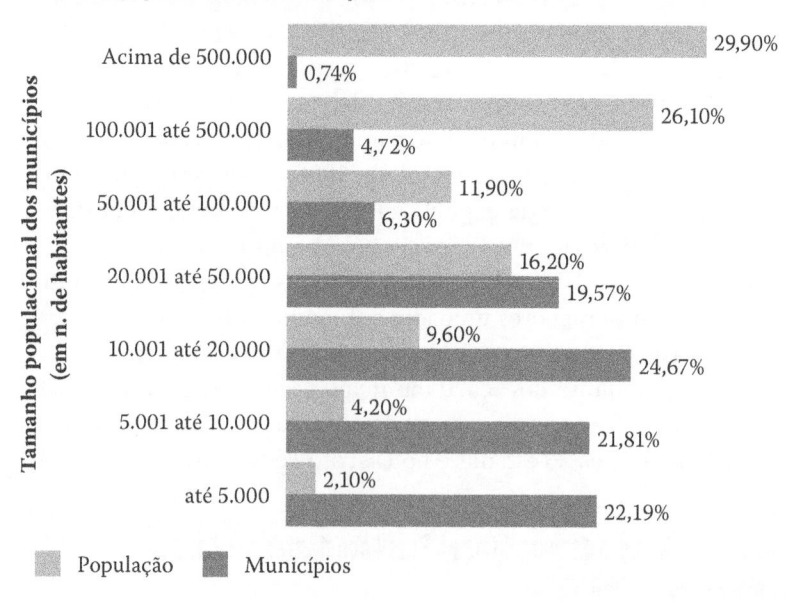

Tamanho populacional dos municípios (em n. de habitantes)	População	Municípios
Acima de 500.000	29,90%	0,74%
100.001 até 500.000	26,10%	4,72%
50.001 até 100.000	11,90%	6,30%
20.001 até 50.000	16,20%	19,57%
10.001 até 20.000	9,60%	24,67%
5.001 até 10.000	4,20%	21,81%
até 5.000	2,10%	22,19%

Fonte: Adaptado de IBGE, 2015.

Merece destaque o marcante número de 1.307 municípios instaurados após a Constituição Federal de 1988 (Pinheiro, 2010), o que equivale a quase um quarto do total de municípios do Brasil.

As emancipações municipais ocorridas após a Constituição Federal de 1988 se devem, especialmente, à prerrogativa de autonomia política e administrativa, que concede *status* de entes federativos, e também à reconfiguração da base das transferências federais (Arretche, 2001, 2004).

O estímulo da possibilidade de se beneficiar do Fundo de Participação dos Municípios (FPM), motivado por interesses políticos locais, gerou uma corrida pela emancipação (Tomio, 2005). Contudo, essa situação ocasionou problemas de gestão pública, pois muitos pequenos municípios não conseguiram gerar receitas próprias para atender a suas necessidades populacionais e passaram a depender majoritariamente de transferências estaduais e federais.

A relação entre a densidade demográfica e o FPM também afeta o montante de recursos a ser recebido. Com efeito, os dados do censo demográfico a cada dez anos e as estimativas populacionais anuais servem de base para o cálculo de indicadores econômicos e sociodemográficos e também são parâmetros utilizados pelo Tribunal de Contas da União na distribuição do Fundo de Participação de Estados e Municípios (IBGE, 2015).

Diversidade de características entre municípios brasileiros (dados de 2015):

- 17 municípios com mais de 1 milhão de habitantes, contra 13 em 2000. Esse grupo reunia 44,9 milhões de habitantes em 2015, o que correspondia a 22% da população total do país.
- Os três municípios mais populosos são: São Paulo, com mais de 12 milhões de habitantes; Rio de Janeiro, com 6,5 milhões; e Salvador, com 2,9 milhões.
- 41 municípios com mais de 500 mil habitantes concentravam 29,9% da população do Brasil – 61,2 milhões de habitantes.
- 304 municípios com mais de 100 mil habitantes congregavam mais da metade da população, ou seja, 56,1% dos habitantes, totalizando 114,6 milhões de habitantes.

- Por outro lado, apenas 6,3% da população – 1,4 milhão de habitantes – residia em 2.451 municípios brasileiros (44,0% dos municípios) com até 10 mil habitantes.
- Serra da Saudade, em Minas, e Borá, no interior paulista, ostentam o título de menores municípios do país, com 818 e 836 habitantes, respectivamente.
- Altamira, no Pará, é o município mais amplo territorialmente, com 160 mil km², e Santa Cruz de Minas, em Minas Gerais, é o menor, com aproximadamente 3 mil km².

Fonte: Elaborado com base em IBGE, 2015.

As **cidades médias** são aquelas compostas por mais de 100 mil até 500 mil habitantes (Amorim Filho; Serra, 2001). Conforme o Gráfico 2.1, 4,72% dos municípios estão nessa categoria, contabilizando 26,10% da população. Amorim Filho e Serra (2001) e Sposito (2004) entendem que somente o critério demográfico não seria suficiente para definir uma cidade de porte médio. Além do tamanho demográfico, os autores expõem a necessidade de se analisarem as funções urbanas e a organização do espaço intraurbano, pontos que não podem ser observados de forma isolada, mas em uma combinação de determinantes.

As cidades médias vêm exercendo uma variedade de funções – como centros de serviços e de equipamentos regionais e articuladores, ao criarem e tecerem redes entre municípios circunvizinhos – que geram impacto em seu raio de influência, o que amplia seus vínculos com o território. Constituem centros regionais que estabelecem elo entre cidades pequenas e as metrópoles (Sposito, 2004).

Portanto, as cidades médias têm papel destacado no cenário nacional, pois vêm apresentando uma dinâmica econômica e espacial que favorece a expansão da rede urbana, ou seja, uma urbanização crescente com maior polarização espacial, que tem sido alimentada por uma maior geração de empregos nas cidades de porte médio, o que torna necessário que sejam implementadas políticas públicas que visem mitigar os efeitos da crise urbana que as metrópoles já experimentam.

Conhecer sobre a rede de influência dessas cidades, ou seja, do espaço intraurbano, de suas especificidades e funções, bem como sobre o papel que desempenham em sua região e na rede urbana, é fator importante para a análise, a formulação e a implementação de políticas públicas direcionadas a essas cidades.

2.3.1 Regiões metropolitanas

As regiões metropolitanas são um agrupamento de municípios com a finalidade de organizar funções públicas de forma colaborativa e buscar a atuação integrada do Poder Público.

Em termos formais, conforme o parágrafo 3º do art. 25 da Constituição de 1988, as regiões metropolitanas são "constituídas por agrupamentos de municípios limítrofes, com o objetivo de integrar a organização, o planejamento e a execução de funções públicas de interesse comum" (Brasil, 1988).

Segundo o Observatório das Metrópoles (2010), as primeiras regiões metropolitanas no Brasil foram criadas a partir de 1973, de acordo com a Constituição de 1967. Com a Constituição Federal de 1988, o encargo pela criação das regiões metropolitanas foi transferido do governo federal para os estados.

No Brasil, há 35 regiões metropolitanas (RMs) e 3 regiões integradas de desenvolvimento econômico (Rides), nas quais podem estar incluídos municípios de diferentes unidades de Federação.

Mapa 2.1 – Localização das regiões metropolitanas – Brasil 2010

Macapá (AP)
Belém (PA)
Grande São Luís (MA)
Manaus (AM)
Fortaleza (CE)
Cariri (CE)
Sudoeste Maranhense (MA)
Ride Teresina/Timon
Natal (RB)
João Pessoa (PB)
Recife (PE)
Agreste (AL)
Maceió (AL)
Vale do Rio Cuiabá (MT)
Ride Petrolina/Juazeiro
Aracaju (SE)
Salvador (BA)
Ride DF
Belo Horizonte (MG)
Vale do Aço (MG)
Goiânia (GO)
Grande Vitória (ES)
Maringá (PR)
Campinas (SP)
Rio de Janeiro (RJ)
São Paulo (SP)
Londrina (PR)
Baixada Santista (SP)
Norte Catarinense (SC)
Curitiba
Chapecó (SC)
Vale do Itajaí (SC)
Foz do Itajaí (SC)
Lages (SC)
Florianópolis (SC)
Tubarão (SC)
Carbonífera (SC)
Porto Alegre (RS)

PSboom/Shutterstock

Fonte: Adaptado de Observatório das Metrópoles, 2010.

Algumas regiões metropolitanas contam ainda com colares metropolitanos, que seriam áreas de entorno e expansão metropolitana. As 38 RMs/Rides, demonstradas no Mapa 2.1, comportam 444 municípios e estão distribuídas por 22 unidades da Federação nas cinco grandes regiões (Observatório das Metrópoles, 2010).

2.3.2 Redes urbanas

A intensificação das trocas entre as cidades nos fluxos de bens e serviços e de decisões gerou um processo de influência de algumas cidades maiores sobre as menores, formando uma rede de cidades.

O Mapa 2.2 traz a demonstração das grandes metrópoles nacionais, das metrópoles nacionais, das metrópoles, das capitais regionais, dos centros sub-regionais e dos centros de zonas do Brasil. Essas categorias dimensionam as regiões de influência dessas cidades sobre as demais em função da abrangência e da intensidade de relações (IBGE, 2008).

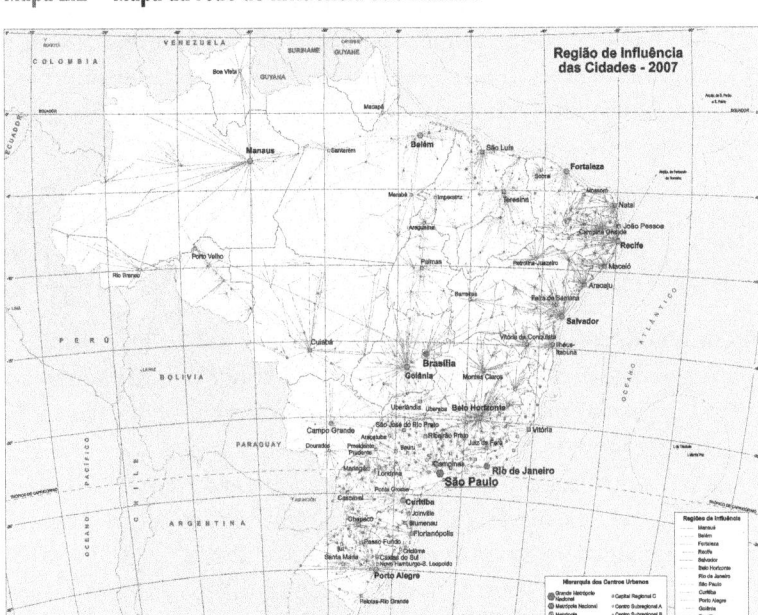

Mapa 2.2 – Mapa da rede de influência das cidades[1]

Fonte: IBGE, Diretoria de Geociências, Coordenação de Geografia, Regiões de Influência das Cidades, 2007.

A análise das redes de influência dos municípios pode evidenciar, por exemplo, como estes propagam decisões e determinam relações, para quais municípios são destinados mais investimentos e como se dá a distribuição dos níveis hierárquicos no território.

---

1 Uma versão colorida desse mapa consta na Seção "Anexos", ao final da obra.

A desigualdade territorial no Brasil também se manifesta na distribuição dos níveis hierárquicos, como ilustra a diferença entre a região Centro-Sul do país, que conta com um significativo número de metrópoles, capitais regionais e centros sub-regionais, com grande articulação entre si, e as Regiões Norte e Nordeste, que apresentam distribuições truncadas, em que faltam níveis hierárquicos, sendo este um fator do desenvolvimento mais equitativo na Região Sul e mais desigual na Região Nordeste. É possível observar também que as grandes cidades (acima de 500 mil habitantes) são as mais significativas no grau de influência sobre as demais (IBGE, 2008), o que colabora, por um lado, para a definição do peso decisório sobre as políticas públicas e, por outro, para a manifestação das desigualdades municipais.

2.3.3 Indicadores de desigualdade municipais

A desigualdade é uma característica presente nos e entre os municípios brasileiros. É histórica e marcada por determinantes sociais, econômicos e culturais que se expressam em desigualdades territoriais.

O Brasil, como Estado federativo, tem sido caracterizado, desde o início de sua história republicana, pela existência de intensas desigualdades regionais em seu interior (Souza, 1998).

Para aferir as condições de desigualdade municipal, alguns indicadores e índices fornecem informações sobre áreas delimitadas. Estes proveem dados de apoio aos diagnósticos municipais, para fins de instrumentalizar agentes do processo decisório das políticas públicas no planejamento e na implementação de ações específicas por meio de programas e políticas.

A seguir, apresentamos uma relação de indicadores e índices que fornecem informações sobre algumas áreas delimitadas:

- **Produto Interno Bruto (PIB)**: afere a riqueza em bens e serviços finais na agropecuária, na indústria e em serviços produzidos em determinado período em determinada região. Demonstra a realidade econômica de cada região e apresenta a diferença entre as cidades.

- **Índice de Desenvolvimento Humano Municipal (IDHM)**: é uma medida composta de indicadores de três dimensões do desenvolvimento humano: longevidade, educação e renda. O índice varia de 0 a 1. Quanto mais próximo de 1, maior o desenvolvimento humano. Para os municípios, é um indicador que aponta elementos que retratam traços de sua história em três importantes dimensões do desenvolvimento humano.

> **Dica**: No *site* do Atlas Brasil é possível consultar o IDHM, com mais de 200 indicadores de desenvolvimento humano, dos municípios e estados brasileiros com dados extraídos dos censos demográficos.
> ATLAS DO DESENVOLVIMENTO HUMANO NO BRASIL. Disponível em: <http://www.atlasbrasil.org.br/2013/>. Acesso em: 9 set. 2016.

- **Coeficiente de Gini**: mede o grau de concentração de renda segundo a renda domiciliar *per capita*. Aponta a diferença entre os rendimentos dos mais pobres e dos mais ricos. Numericamente, varia de 0 a 1, sendo que 0 representa a situação de total igualdade e 1 significa completa desigualdade de renda.
- **Índice de Exclusão Social (IES)**: mede indicadores da pobreza absoluta, que se refere às pessoas que não têm condições de custear a compra de uma cesta de itens essenciais para a satisfação das necessidades básicas. As variáveis aferidas são: pobreza, concentração de jovens, alfabetização, escolaridade, emprego formal, violência e desigualdade social. Esse índice varia de 0 a 1, sendo que as piores condições estão próximas de 0, ao passo que as melhores situações estão próximas de 1 (Guerra; Pochmann; Silva, 2014).

Os autores Guerra, Pochmann e Silva (2014) demonstram que, apesar dos avanços observados na primeira década do século XXI com relação à exclusão social, ainda existe uma desigualdade regional e estadual acentuada. As Regiões Norte e Nordeste apresentam um padrão homogêneo de exclusão social, com uma mínima quantidade de municípios de IES elevado, alguns em situação mediana e a maioria dos municípios com grave situação de exclusão social. A Região Centro-Oeste registra situação intermediária, com razoável número de municípios com IES alto, representando 11,4% do total, 48,9% da população com IES médio e poucos no nível mais agudo da exclusão social. Já as Regiões Sul e Sudeste revelam grande homogeneidade, com praticamente metade de seus municípios com IES alto, 42,7% no Sul e 45,5% no Sudeste, e proporcionalmente poucos em situações mais graves.

Existe também outro índice de exclusão social, composto de cinco indicadores, quais sejam: percentagem da população do município (ou distrito) privada de água tratada; privada de saneamento; privada do serviço de coleta de lixo; percentagem da população maior de 10 anos com no máximo 1 ano de escolaridade; percentagem da população cuja renda pessoal diária é de no máximo 1 dólar por dia (Lemos, 2012).

A pobreza está fortemente ancorada em indicadores de privação de renda e de privação de ativos sociais essenciais. No caso brasileiro, isso ocorre de forma assimétrica entre regiões e estados. Municípios com menos de 20 mil habitantes, em sua maioria, foram recém-emancipados e concentram as maiores carências tanto de renda como de acesso aos ativos sociais (Lemos, 2012).

Outros indicadores são:

- **Atlas de Desenvolvimento Sustentável e Saúde**: tem como foco a saúde, e os indicadores referem-se aos anos de 1991, 2000 e 2010 em todas as unidades federativas, tomando como base para a análise os municípios brasileiros. Foram selecionados indicadores incluídos nos Objetivos de Desenvolvimento do Milênio (ODM): taxa de mortalidade infantil e na infância, proporção da população em condição de pobreza, proporção da população analfabeta e proporção da população sem acesso à água encanada (Opas, 2015).

※ **Índice de Vulnerabilidade Social (IVS) do Instituto de Pesquisa Econômica Aplicada (Ipea)**: é composto de 16 indicadores divididos em três dimensões: infraestrutura urbana, capital humano e renda e trabalho. É fundamental para a orientação de gestores públicos municipais, estaduais e federais (Ipea, 2015).

O estudo do IVS revela que ocorreu um avanço de indicadores em todas as dimensões. Entre os que mais evoluíram, estão o acesso ao serviço de coleta de lixo (dimensão *infraestrutura urbana*), a queda da mortalidade infantil (dimensão *capital humano*) e a redução do trabalho informal (dimensão *renda e trabalho*).

Esses índices e indicadores propiciam uma análise da evolução dos municípios, assim como uma comparação entre as conjunturas municipais. Contribuem para o estudo das políticas públicas por pesquisadores ao identificar os problemas e as potencialidades para a formulação da agenda, a definição de prioridades e o planejamento de programas e políticas públicas.

Como ilustração, a Figura 2.4 mostra o mapa do Brasil com a evolução do IDHM nos anos de 1991, 2000 e 2010. É possível compreender quais regiões apresentam IDHM alto e quais estão com o IDHM baixo ou muito baixo.

Figura 2.4 – Índice de Desenvolvimento Humano Municipal (IDHM) – Brasil, 1991, 2000 e 2010[2]

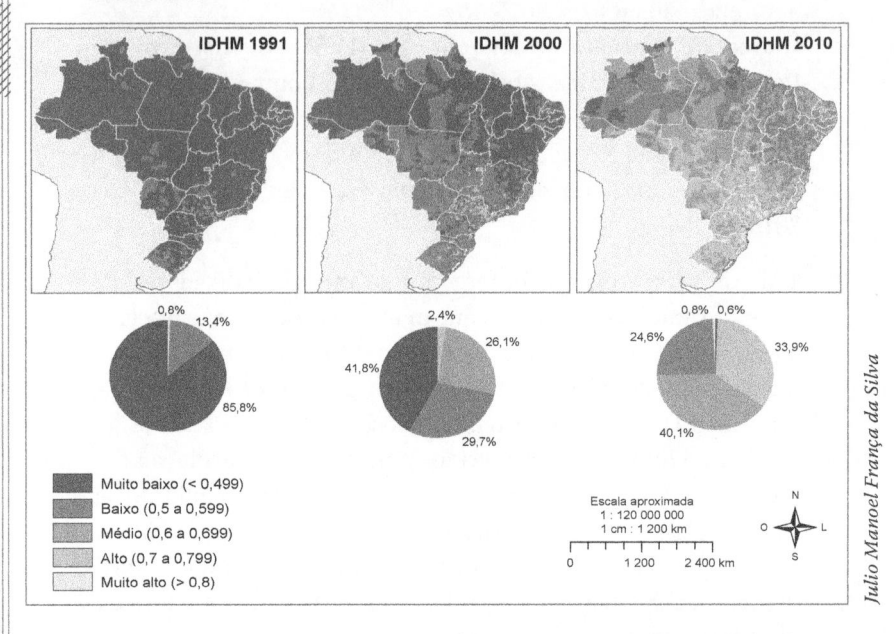

Fonte: Adaptado de IPEA, 2013, p. 43.

Conforme o IDHM brasileiro (Ipea, 2013), em 1991, mais de 85% dos municípios encontravam-se na faixa de desenvolvimento humano muito baixo. Já em 2000, pouco mais de 70% deles encontravam-se nas faixas de desenvolvimento humano baixo e muito baixo. Em 2010, apenas um quarto (25%) estava nessa faixa, enquanto mais de 70% deles já estavam nas faixas de desenvolvimento humano médio e alto.

A Figura 2.4 demonstra, por meio dos componentes do IDHM, os avanços do desenvolvimento nas últimas duas décadas, como também possibilita comparar as diferenças entre regiões, pois a maioria dos municípios brasileiros que apresentam IDHM elevado se encontra na Região Centro-Sul do país, enquanto as

---
2 Uma versão colorida desse mapa consta na seção "Anexos", ao final da obra.

Regiões Norte e Nordeste concentram os municípios com desenvolvimento humano muito baixo e a maioria com desenvolvimento humano baixo.

Como forma de trabalhar as desigualdades territoriais, Souza (1998, 2005) e Arretche (2010) destacam a relação entre os entes federativos na formulação e na implementação de políticas públicas na condição de canais de redistribuição das receitas.

Souza (1998, 2005) afirma que, após a Constituição Federal de 1988, vários centros de poder passaram a ter acesso ao processo decisório nacional em razão da nova forma de gerenciar as políticas públicas por meio da descentralização de poder e recursos. Essa configuração como mecanismo de divisão territorial de poder deve incorporar as demandas regionais à agenda política nacional, porém, como a Federação está marcada pela desigualdade regional histórica, são necessárias negociações para que as desigualdades entrem na agenda política e não fiquem somente nas regras constitucionais.

Arretche (2010) destaca que as desigualdades territoriais devem ser discutidas nas políticas públicas reguladas e não reguladas por todas as unidades federativas constituintes. A autora define as políticas reguladas como aquelas nas quais a legislação e a supervisão federais limitam a autonomia decisória dos governos subnacionais, estabelecendo patamares de gasto e modalidades de execução das políticas, e as políticas não reguladas como aquelas cuja execução está associada à autonomia para tomar decisões. As reguladas estão voltadas à educação e à saúde, e as não reguladas, ao desenvolvimento urbano, mais especificamente habitação, infraestrutura urbana e transporte público.

A regulação federal nas políticas, com a vinculação das receitas municipais, é uma forma de trabalhar as desigualdades. Segundo Arretche (2010, p. 610),

> a combinação de regulação das receitas municipais com regulação das despesas municipais tem como efeito mais uniformidade de gasto nas políticas reguladas. Em termos teóricos, redução das desigualdades territoriais supõe que a União opere simultaneamente funções regulatórias e redistributivas.

Arretche (2010) mostra que as políticas reguladas têm alta prioridade na alocação do gasto municipal, ao passo que as políticas não reguladas não têm prioridade de gasto, até pelo efeito das legislações e supervisões federais. A autora conclui que, com a ausência dessa regulação, as chances de que uma política venha a ter prioridade são menores, assim como a desigualdade de gasto é maior.

As desigualdades e diversidades entre cidades e em seu interior refletem na gestão pública das cidades e em como se conduz seu funcionamento. A ação do Poder Público pode agravar ou minimizar os problemas enfrentados pela população dessas localidades. Para tanto, conhecer a realidade é condição para fortalecer as capacidades locais, aprimorar a gestão pública e das pessoas participantes na formulação e na implementação de políticas e programas.

2.4 Planejamento urbano

Planejamento é um processo contínuo de tomada de decisão no qual estão inscritas relações de poder, o que caracteriza ou envolve uma função política no sentido de compromisso com a sociedade.

Duarte (2007, p. 22) define *planejamento* como "o conjunto de medidas tomadas para que sejam atingidos os objetivos desejados, tendo em vista os recursos disponíveis e os fatores externos que podem influir neste processo". O autor considera que o planejamento tem por objetivo reconhecer e localizar as tendências ou propensões naturais tanto locais como regionais. Portanto, devem ser consideradas as capacidades e aptidões da região para a qual será realizado o planejamento.

Fazer um planejamento implica desenvolver um processo dinâmico de investigação da realidade para fins de definição de um diagnóstico e, com base nele, de fixação de parâmetros futuros.

Todo esse processo é um ato contínuo de ações integradas, coordenadas e orientadas para diminuir a distância entre o que é feito e o que deveria estar sendo feito.

Planejamento urbano é pensar o espaço urbano e tudo o que o envolve, ou seja, pensar qual é a cidade que se almeja. Trata-se de uma cidade pensada pela lógica coletiva, cujos espaços tenham uma função social – uma cidade que respeite e garanta o direito à moradia, ao saneamento ambiental, à infraestrutura urbana, ao transporte, à saúde, ao meio ambiente, à educação, à cultura, aos serviços públicos, ao trabalho e ao lazer.

Desse modo, a questão urbana não se reduz à espacialização e à infraestrutura, mas envolve as políticas públicas de forma integrada, como moradia, saúde, educação, transporte, cultura, lazer, meio ambiente, entre outras. Todas essas políticas perpassam as relações humanas que as cidades geram.

É imprescindível que o Poder Público esteja comprometido com uma política urbana articulada com estratégias de inclusão social e de justiça ambiental nos níveis local, regional, estadual e nacional. As cidades devem estar preparadas com base no planejamento para alcançar um desenvolvimento de maneira ordenada. Esses são grandes desafios do planejamento urbano para a diversidade de profissionais que compõem a equipe de planejadores, entre os quais a assistente social.

O planejamento urbano deve considerar a qualidade de vida e também aspectos de infraestrutura e do uso e ocupação do solo. Todo esse processo deve ser expresso em metas, planos, estratégias e ações e implementado por meio da elaboração ou alteração de leis municipais.

O transcurso histórico do planejamento urbano brasileiro não segue um processo linear; notam-se características que se acentuam em determinados períodos e que também se inter-relacionam na forma de abordar o fenômeno urbano em suas escalas federal, estadual e municipal pelo poder estatal. Sintetizamos de Ultramari e Firkowski (2012) quatro momentos históricos da seguinte forma:

1. **Ação administrativa**: refere-se ao recorte temporal iniciado na década de 1970, quando o modelo de gestão tinha uma perspectiva de ação administrativa, isto é, os governos locais trabalhavam com o foco de prover infraestruturas e serviços urbanos com a participação e a interferência de agências internacionais de financiamento. Esse momento foi marcado por fluxo migratório campo-cidade, constituindo demandas que caracterizam o segundo momento do planejamento urbano.
2. **Gestão urbana**: na década de 1980, a cidade passou a ser gerida por interesses de desenvolvimento e as competências da administração urbana são ampliadas de modo a se aproximarem às da gestão urbana. O foco ultrapassa questões setoriais, como o transporte, a educação e a saúde, e passa a abranger também a pauperização da população, o desemprego, a violência, o acirramento na posse do solo urbano, entre outras.
3. **Gestão ambiental urbana**: a década de 1990 marcou o terceiro momento do planejamento urbano, que se caracterizou por prosseguir com as ações definidas na década anterior, além de ter substituído a gestão urbana por algo que se poderia definir como *gestão ambiental urbana*, marcada por projetos que propunham fazer coexistir o social e o ambiental em nível de gestão.
4. **Gestão social**: o quarto momento teve início nos anos 2000, sob a influência do setor privado e da perspectiva ambiental, renovada pela preocupação com as adversidades naturais e os desastres; porém, o foco foi direcionado para o atendimento de demandas sociais de parcelas da população mais carente. A partir da Constituição Federal de 1988, com seus princípios norteando o Estatuto da Cidade, em 2001, iniciou-se a gestão social, a qual se caracteriza pela descentralização administrativa, pela participação da sociedade e por intervenções urbanas que buscam a renovação e revalorização de compartimentos das cidades brasileiras, fruto de uma postura considerada inclusiva.

Quanto a esse quarto momento, Ultramari e Firkowski (2012) tecem uma crítica à participação em termos qualitativos nos instrumentos urbanos, mas enaltecem o esforço dos governos em diagnosticar e planejar a cidade a partir de perspectivas mais democráticas e entendem que a participação deve seguir para um caminho de qualificação de agentes que atuam no planejamento urbano.

Os autores concluem que, nesses quatro momentos, houve fases em que a preocupação era administrar a cidade com uma visão mais ampla de alternativa de desenvolvimento. Gestores passaram a se caracterizar como urbanos-ambientais-sociais e a ter como parâmetro de referência em sua agenda a priorização das áreas mais carentes das cidades.

2.5 Instrumentos, mecanismos e espaços de planejamento urbano

O planejamento urbano serve-se de um leque de mecanismos e instrumentos que conduzem sua operacionalização. O projeto da cidade é sintetizado no plano urbanístico, prevendo os resultados que se pretende alcançar, as ações propostas e os instrumentos que serão utilizados.

Instrumentos urbanísticos são ferramentas legais para o Estado interceder tanto na produção como na reprodução do espaço urbano, regulando-o e direcionando-o. Os instrumentos apresentam parâmetros advindos de política urbana e do Estatuto da Cidade, por meio de suas diretrizes.

2.5.1 Estatuto da Cidade na gestão das cidades

O Estatuto da Cidade apresenta instrumentos para que o município possa intervir por meio do planejamento e da gestão urbana e territorial e garantir a realização do direito à cidade.

Para que o Estatuto da Cidade se concretizasse, ocorreu um longo processo histórico de lutas iniciado pelos movimentos sociais urbanos, que, no período constituinte – o que antecede a promulgação –, foram responsáveis pela mobilização social e pela difusão das emendas populares à Constituição. Na área do desenvolvimento urbano, ocorreu a mobilização em torno da emenda pela reforma urbana, ação que reuniu múltiplos atores sociais, como movimentos sociais, sindicatos, associações, organizações não governamentais (ONGs) e pesquisadores, originando redes de articulação, como o Fórum Nacional de Reforma Urbana, criado em 1987.

> **Fórum Nacional de Reforma Urbana**
>
> É formado por movimentos populares, associações de classe, ONGs e instituições de pesquisa que querem promover a reforma urbana. Luta por políticas que garantam o direito à cidade por meio do acesso a direitos básicos, como moradia de qualidade, água e saneamento, transporte acessível e eficiente.
>
> Para obter mais informações a respeito, consulte o *site* do Fórum Nacional de Reforma Urbana.
>
> FORUM NACIONAL DE REFORMA URBANA. Disponível em: <http://www.forumreformaurbana.org.br/>. Acesso em: 4 maio 2017.

Na Constituição Federal de 1988, a cidade ganhou relevância como ente federativo e, com relação à política urbana, ficaram definidos os art. 182 e 183, que tratam do assunto. Esses artigos constitucionais foram a conquista da ativa participação de movimentos sociais em defesa do direito à cidade digna e sustentável para todos.

O Estatuto da Cidade, aprovado pela Lei 10.257, em 10 de julho 2001 (Brasil, 2011), tem como objetivo central consagrar a função social da cidade e da propriedade, estabelecendo regras para se ocupar o espaço urbano e regular a segurança e o bem-estar da população, bem como o equilíbrio ambiental.

O art. 2º define as diretrizes gerais da política urbana, que destacamos de forma sintetizada:

a. garantia do direito a cidades sustentáveis, entendido como o direito à terra urbana, à moradia e a toda a infraestrutura urbana para a geração presente e as futuras;
b. gestão democrática do desenvolvimento urbano por meio da participação da população;
c. cooperação entre governos, iniciativa privada e os demais setores do processo de urbanização;
d. planejamento com vistas a corrigir as distorções do crescimento urbano e seus efeitos negativos sobre o meio ambiente;
e. oferta de equipamentos urbanos e comunitários adequados aos interesses e necessidades da população;
f. ordenação e controle do uso do solo;
g. integração e complementaridade das atividades urbanas e rurais;
h. regularização fundiária e urbanização de áreas ocupadas por população de baixa renda;
i. simplificação da legislação de parcelamento, uso e ocupação do solo para permitir a redução dos custos e o aumento da oferta dos lotes e unidades habitacionais;
j. isonomia de condições para agentes públicos e privados desde que para atender ao interesse social;
k. estímulo à utilização de padrões construtivos e aportes tecnológicos que objetivem a redução de impactos ambientais e a economia de recursos naturais;
l. tratamento prioritário às obras e edificações de infraestrutura de energia, telecomunicações, abastecimento de água e saneamento.

Essas diretrizes estabelecem fundamentos da organização da cidade na busca pela concretização do direito à cidade e à cidadania, no atendimento das funções sociais e da propriedade urbana e na gestão democrática em que se reconhece a multiplicidade de agentes na formulação e na execução de planos, programas e projetos de desenvolvimento urbano.

O Estatuto está estruturado em mais de 30 instrumentos, divididos em 5 capítulos, os quais são:

- "Diretrizes gerais" (Capítulo I, arts. 1º a 3º);
- "Dos instrumentos da política urbana" (Capítulo II, arts. 4º a 38);
- "Do plano diretor" (Capítulo III, arts. 39 a 42);
- "Da gestão democrática da cidade" (Capítulo IV, arts. 43 a 45);
- "Disposições gerais" (Capítulo V, arts. 46 a 58).

O Estatuto é a base para um planejamento participativo e sustentável na efetivação de uma gestão democrática do território municipal. Os instrumentos destacados do Estatuto da Cidade são:

a. **Parcelamento, edificação ou utilização compulsórios**: de acordo com a função social da cidade, possibilita a retenção ociosa de terrenos e obriga proprietários a parcelar, construir ou utilizar o imóvel vago ou subutilizado de sua propriedade.

b. **Imposto sobre a Propriedade Predial e Territorial Urbana (IPTU) progressivo no tempo**: é diferente do IPTU anual. É aplicado como sanção imposta pelo Poder Público municipal a proprietários de imóveis que não cumprem a função social da propriedade, ou seja, o adequado aproveitamento do imóvel. Diante do descumprimento, o IPTU será aumentado a cada ano até o máximo de 15%.

c. **Desapropriação com pagamento em títulos**: após cinco anos do IPTU progressivo no tempo, a prefeitura pode desapropriar os imóveis ociosos, com pagamento em títulos da dívida pública. Essa medida possibilita a viabilização de um estoque de terra e/ou de edificações para destinação pública.

Obs.: Os três instrumentos descritos acima distinguem o direito da propriedade do direito de construir. Se proprietários de imóveis não utilizarem o terreno para uma finalidade, podem sofrer sanções, o que significa que se considera que o direito à propriedade é privado, mas a função social é para a coletividade.

d. **Usucapião especial de imóvel urbano**: destina-se para fins de regularização de titulação de áreas ocupadas em propriedade particular em benefício dos que residem, caso não haja reclamações em cinco anos ininterruptamente. Possibilita que as pessoas residentes na área ou edificação urbana de até 250 m² adquiram seu domínio, desde que não sejam proprietárias de outro imóvel urbano ou rural.

e. **Zonas especiais de interesse social (Zeis)**: o plano diretor deve incluir no zoneamento da cidade uma categoria que permita o estabelecimento de um padrão urbanístico próprio para a regularização de assentamentos informais. Essa ação também pode ser instituída em terrenos ou prédios ociosos ou subutilizados, destinando-se áreas para abrigar moradias populares. O estabelecimento de Zeis significa o reconhecimento da diversidade de ocupações existentes nas cidades, além da possibilidade de construção da legalidade e, portanto, de extensão do direito de cidadania às pessoas residentes.

f. **Concessão de uso especial para fins de moradia**: é um instrumento que está previsto no art. 1º da Medida Provisória 2.220, de 4 de setembro de 2001. Refere-se a um título de posse concedido às pessoas residentes que, até 30 de junho de 2001, tenha possuído como seu, por cinco anos, ininterruptamente e sem oposição, até 250 m² de imóvel público situado em área urbana, utilizado para sua moradia ou de sua família, desde que não sejam proprietárias ou concessionárias, a qualquer título, de outro imóvel urbano ou rural.

Obs.: Esses instrumentos referentes ao usucapião especial de imóvel urbano, às Zeis e à concessão de uso especial para fins de moradia têm a finalidade de promover a regularização fundiária e a urbanização, garantindo o acesso legalizado à moradia para as famílias de baixa renda no local onde estão ou possibilitando o acesso a locais adequados.

g. **Direito de preempção**: o Poder Público municipal tem preferência para adquirir imóvel urbano de seu interesse. Pode, em lei específica, delimitar a área em questão e, nos cinco anos seguintes, terá direito de preempção, ou seja, prioridade na compra de qualquer imóvel que venha a ser vendido naquela área, respeitado seu valor no mercado imobiliário. Esse direito pode ser exercido em casos de necessidade de terreno para equipamentos públicos, habitação de interesse social, regularização fundiária, preservação ambiental ou do patrimônio histórico.

h. **Direito de superfície**: permite que o proprietário ou proprietária de imóvel urbano tenha a possibilidade de conceder a outrem o direito de superfície de seu terreno, por tempo determinado ou indeterminado, por meio de escritura pública registrada em cartório de registro de imóveis. Visa estimular a utilização de terrenos urbanos mantidos ociosos.

i. **Consórcio imobiliário**: o proprietário ou proprietária transfere ao Poder Público municipal seu imóvel e, após a realização das obras, recebe como pagamento unidades imobiliárias devidamente urbanizadas ou edificadas no valor equivalente do imóvel antes da realização das obras. Essa medida visa à cooperação entre o Poder Público e a iniciativa privada com o objetivo de realizar urbanização em áreas que tenham carência de infraestrutura e serviços urbanos e contenham imóveis urbanos subutilizados e/ou ociosos.

Obs.: Os três últimos instrumentos descritos têm o propósito de ampliação de áreas públicas para serviços e equipamentos de necessidade da população e o cumprimento da função social da propriedade.

j. **Outorga onerosa do direito de construir**: atinge a construção de grandes prédios comerciais e residenciais, caso em que se deve pagar ao Poder Público pela sobrecarga gerada nas redes de infraestrutura e de circulação no entorno.

k. **Outorga onerosa de alteração do uso**: quando ocorre a alteração do uso do imóvel, o Poder Público pode cobrar por sua sobrevalorização. São exemplos a alteração do uso de rural para urbano e a de residencial para comercial.

l. **Operações urbanas consorciadas**: é permitido o estabelecimento de parcerias por meio de consórcio, formado por uma gama de agentes, com o fim de promover melhorias urbanísticas.

Trata-se de um conjunto de intervenções e medidas coordenadas pelo Poder Público municipal, com a participação dos proprietários(as), moradores(as), usuários(as) permanentes e investidores privados, com o objetivo de alcançar, em uma área, transformações urbanísticas estruturais, melhorias sociais e a valorização ambiental.

Obs.: Esses instrumentos permitem que a coletividade se beneficie da valorização de imóveis, pois oferecem a possibilidade de angariar recursos para programas sociais por meio de arrecadação de contrapartida compensatória do direito de construir acima do permitido. Esses recursos devem compor o Fundo Municipal das Cidades, administrado pelo conselho correspondente.

m. **Estudo de impacto de vizinhança**: define os empreendimentos em área urbana que dependem de elaboração de estudo prévio de impacto de vizinhança para obter as licenças ou autorizações de construção, ampliação ou funcionamento. Alguns aspectos que podem impactar: aumento da densidade populacional, geração de tráfego, sobrecarga nos equipamentos públicos, prejuízos para a ventilação e a iluminação naturais, comprometimento da paisagem urbana e do patrimônio cultural e ambiental. É um instrumento da política urbana comprometido com a qualidade de vida da população na área e em suas proximidades, pois contempla os efeitos positivos e negativos do empreendimento.

n. **Transferência do direito de construir**: tem a finalidade de preservar o imóvel particular de interesse histórico, ambiental ou social. A proprietária ou o proprietário do imóvel urbano em questão pode construir em outro local ou alienar esse seu direito a outra pessoa, mediante escritura pública. Essa medida estimula a preservação de patrimônios ambientais, históricos ou sociais, que são bens de interesse coletivo.

> **Estatuto da Cidade**
>
> Para ampliar seu conhecimento sobre o Estatuto da Cidade, consulte:
>
> BRASIL. Lei n. 10.257, de 10 de julho de 2001. **Diário Oficial da União,** Poder Legislativo, Brasília, DF, 11 jul. 2001. Disponível em: <http://www.planalto.gov.br/ccivil_03/leis/LEIS_2001/L10257.htm>. Acesso em: 4 maio 2017.
>
> BRASIL. Medida Provisória n. 2.220, de 4 de setembro de 2001. **Diário Oficial da União,** Poder Executivo, Brasília, DF, 5 set. 2001. Disponível em: <http://www.planalto.gov.br/ccivil_03/mpv/2220.htm>. Acesso em: 4 maio 2017.
>
> O material indicado a seguir é uma publicação do Instituto Pólis e tem por objetivo divulgar e tornar acessível o Estatuto da Cidade.
>
> INSTITUTO PÓLIS. **Conhecendo o Estatuto da Cidade.** Disponível em: <http://polis.org.br/publicacoes/conhecendo-o-estatuto-da-cidade/>. Acesso em: 4 maio 2017.

Destacamos aqui alguns instrumentos, mas existem outros que os municípios podem inserir em seu plano diretor ou em leis específicas de diretriz municipal, como a Lei de Zoneamento (que define o uso e ocupação do solo), a Lei de Loteamento (que define o parcelamento do solo), os planos setoriais, entre outras leis específicas que o município institui.

O município é o ente federativo que tem mais capacidade para constatar e solucionar os problemas de seus cidadãos. Cada município, de acordo com a realidade local, define quais instrumentos são mais adequados para deliberar sobre suas necessidades na elaboração do seu plano diretor. Se bem definidos e aplicados, esses instrumentos podem criar condições reais de modificar uma realidade, promovendo mais justiça social e inclusão territorial com o controle do uso do solo.

2.5.2 Plano diretor participativo: instrumento de desenvolvimento urbano municipal

O plano diretor compõe o Capítulo III do Estatuto da Cidade e é definido como o elemento fundamental da política de desenvolvimento e expansão urbana, de planejamento e gestão municipal. É o documento que permite executar os instrumentos propostos pelo Estatuto e apropriar-se deles e, ainda, que estabelece como devem ser aplicados em cada município.

A lei municipal que institui o plano diretor deve ser revista a cada dez anos, e ele deve englobar o território do município como um todo. Durante seu processo de elaboração e implementação, os Poderes Executivo e Legislativo devem garantir a promoção de audiências públicas e debates com a população, bem como a publicidade e o acesso aos documentos e às informações produzidas por qualquer pessoa interessada.

No plano diretor devem estar expostas as regras para a utilização do solo municipal, com definições de como será aproveitado o espaço, indicando-se as áreas residenciais, industriais, institucionais, de preservação da natureza e históricas, entre outras. Decide-se o uso da propriedade com base na área em que está, respeitando-se as especificidades e particularidades de sua população.

Os **critérios** de obrigatoriedade para os municípios elaborarem e implementarem o plano diretor conforme as diretrizes do Estatuto da Cidade são:

- todo município com mais de 20 mil habitantes;
- integrantes de regiões metropolitanas e aglomerações urbanas ou em áreas de interesse turístico;
- inseridos em área de influência de empreendimentos ou atividades com significativo impacto ambiental de âmbito regional ou nacional;

- com áreas suscetíveis à ocorrência de deslizamentos de grande impacto, inundações bruscas ou processos geológicos ou hidrológicos correlatos;
- para municípios com mais de 500 mil habitantes, deve ser elaborado um plano de transporte urbano integrado, compatível com o plano diretor ou nele inserido.

A elaboração do plano diretor participativo segue alguns passos, e profissionais de diversas categorias e a população local devem estar inseridos em todas as etapas.

Essa caraterística difere da observada nos planos tradicionais anteriores ao Estatuto da Cidade, pois eram produzidos por especialistas ou empresas, que apresentavam textos mais científicos e técnicos, os quais se distanciavam dos reais problemas vivenciados pela população e, portanto, refletiam uma dificuldade de propor mecanismos de enfrentamento.

Posterior ao Estatuto e seguindo os eixos da **inclusão territorial**, da **justiça social** e da **gestão democrática**, o plano diretor é conduzido pelo Poder Executivo em parceria com a sociedade civil, portanto, passa a ser processo político participativo, envolvendo a sociedade na discussão da proposta de desenvolvimento municipal.

Com base nas orientações do *Plano diretor participativo: guia para a elaboração pelos municípios e cidadãos*, do Ministério das Cidades (Brasil, 2004a), assim podem ser descritas as etapas constituintes para sua elaboração:

- **Fase preparatória**: formação da equipe coordenadora e organização da metodologia de trabalho das demais fases, o que envolve capacitação dos envolvidos e preparação dos materiais necessários.
- **Leitura da realidade**: são identificados a realidade do município, seus principais problemas e suas potencialidades. Nessa fase é realizado um amplo diagnóstico do município, mapeando-se a realidade física, geográfica, social, econômica, política e administrativa.

Para o conhecimento da realidade municipal, é necessário dispor de informações da vivência das pessoas e dados técnicos.

Portanto, é realizado um retrato municipal composto do conjunto de informações da leitura comunitária feita pela população e da leitura técnica realizada por profissionais capacitados.

- **Estabelecimento e pactuação de propostas**: são definidos os temas relevantes e as demandas cruciais para estabelecer as propostas.
- **Definição de estratégias e instrumentos de enfrentamento**: são estabelecidos os objetivos a serem trabalhados e as ações e metas necessárias para corrigir as distorções do crescimento urbano. Para todo problema detectado, devem ser estabelecidas estratégias e metas de enfrentamento. Cada município define, entre todos os instrumentos propostos no Estatuto da Cidade, quais são os mais adequados à sua realidade.
- **Sistema de gestão do plano diretor**: indica como serão a estrutura e o processo participativo de gerenciamento da implementação e do monitoramento do plano diretor. O Conselho da Cidade é recomendado como uma instância representativa de negociação em que atores sociais de instância governamental e não governamental participam do processo de tomada de decisão quanto à formulação e à implementação do plano, além de acompanharem a execução. Esse conselho também gerencia o fundo municipal das cidades, e seus representantes participam das conferências municipais.

A concepção do plano diretor participativo que consta nas diretrizes do Estatuto da Cidade organiza o crescimento e o funcionamento da cidade e planeja seu futuro de acordo com o pacto formulado com a sociedade para o ordenamento da gestão do território, para que se cumpra a função social da propriedade e da cidade.

Por outro lado, os vários interesses de setores envolvidos podem facilitar ou dificultar a aprovação ou a implementação do plano diretor. Portanto, apesar de representar um grande avanço, com base no Estatuto da Cidade, é preciso analisar de que forma esse documento realmente impacta os eixos da inclusão territorial, da justiça social e da gestão democrática, ou seja, de que forma se operacionaliza na relação entre governo, mercado e população nesse contexto.

> **Plano diretor participativo**
>
> Para obter mais informações sobre esse tema, consulte os documentos indicados na sequência:
>
> O material referenciado a seguir é um guia para a elaboração do plano diretor pelos municípios e cidadãos, produzido pelo Ministério das Cidades, com colaboração de Raquel Rolnik e Otilie Macedo Pinheiro.
>
> BRASIL. Ministério das Cidades. **Plano diretor participativo**: guia para a elaboração pelos municípios e cidadãos. Brasília, 2004. Disponível em: <http://bibspi.planejamento.gov.br/handle/iditem/181>. Acesso em: 4 maio 2017.
>
> Outro material sobre o assunto elaborado pelo Ministério das Cidades é o *Plano diretor participativo 1*.
>
> BRASIL. Ministério das Cidades. Secretaria Nacional de Programas Urbanos. **Plano diretor participativo 1**. Brasília, 2005. Disponível em: <http://bibspi.planejamento.gov.br/handle/iditem/295>. Acesso em: 4 maio 2017.

2.5.3 Instrumentos de gestão democrática das cidades

O Capítulo IV do Estatuto da Cidade trata da gestão democrática das cidades e das formas de garantir que esse princípio seja efetivado. Para tanto, seu art. 43 define que os instrumentos de participação podem ser:

> I – órgãos colegiados de política urbana, nos níveis nacional, estadual e municipal;
>
> II – debates, audiências e consultas públicas;

III – conferências sobre assuntos de interesse urbano, nos níveis nacional, estadual e municipal;

IV – iniciativa popular de projeto de lei e de planos, programas e projetos de desenvolvimento urbano. (Brasil, 2001)

Assim, a participação popular é incentivada por meio dos instrumentos de gestão democrática, como a organização do Conselho das Cidades e de Conferências da Cidade, audiências e debates públicos, consultas públicas (por exemplo, no estudo de impacto de vizinhança). No entanto, é importante ter clareza de que, apesar de a criação dos instrumentos de participação na gestão ser fundamental, não é suficiente para que se estabeleça uma forma de gestão participativa. Esse processo requer um articulado e comprometido trabalho com a formação permanente da população e dos profissionais envolvidos.

Conselho das Cidades – ConCidades

Órgão colegiado de natureza deliberativa e consultiva, integrante da estrutura do Ministério das Cidades, a ConCidades tem por finalidade estudar e propor diretrizes para a formulação e implementação da Política Nacional de Desenvolvimento Urbano (PNDU), bem como acompanhar sua execução.

Conforme dados do Ministério das Cidades (Brasil, 2014a), o ConCidades é constituído por 86 titulares – 49 representantes de segmentos da sociedade civil e 37 dos poderes públicos federal, estadual e municipal –, além de 86 suplentes, com mandato de dois anos. Abrange, ainda, 9 observadores representantes dos governos estaduais, que dispuserem do Conselho das Cidades, em sua respectiva unidade da Federação.

O Conselho é uma instância de negociação diante da pluralidade de interesses empresariais, trabalhistas, governamentais e de movimentos populares na qual ocorre o processo de tomada de decisão sobre as políticas executadas pelo Ministério.

A gestão democrática, por meio do planejamento participativo, é a concretização da participação de representantes de associações e da sociedade civil na elaboração, na implementação e no monitoramento de todo e qualquer projeto que tenha uma implicação urbanística na cidade. É importante que essa participação seja ativa e propositiva por parte de vários segmentos da comunidade.

Conselhos municipais são órgãos colegiados dos quais participam representantes do Poder Público e da sociedade civil, que acompanham, controlam e fiscalizam a implementação do planejamento territorial (Brasil, 2004a). A finalidade desses conselhos é a participação popular na gestão pública, para que sejam atingidos os objetivos da política pública urbana voltada a um melhor atendimento à população.

Conferências são espaços coletivos de participação da sociedade com a presença de diversos segmentos com fins de fortalecer a discussão de temas de interesse urbano e de temas específicos, como transporte, saneamento básico, moradia e meio ambiente, ou seja, temas que envolvem a construção da cidade que se almeja. As conferências municipais agregam ideias e propostas que são encaminhadas para as conferências estadual e federal, realizadas a cada dois anos nos três níveis de governo.

No caso das **audiências** e dos **debates**, a finalidade é transmitir informações, esclarecer e fornecer dados e documentos sobre o projeto do plano ou assuntos de interesse urbano, para que a população possa se posicionar em relação à proposta de planejamento municipal, ou seja, é por meio das audiências públicas que os cidadãos têm o direito de manifestar suas opiniões, apresentar propostas e assinalar soluções e alternativas (Antonello, 2013). É necessária ampla divulgação pelo Poder Público, pois, no caso do plano diretor, as audiências públicas são obrigatórias para a aprovação desses instrumentos. Está definido no art. 52 do Estatuto que o prefeito pode ser julgado por improbidade administrativa nos municípios onde se construa o plano diretor sem participação da população.

Na **consulta pública** ocorre uma pesquisa por parte do governo para levantar o interesse e as predileções da população a respeito de determinados assuntos. Com a colaboração de diversos segmentos da sociedade, ações e programas do governo podem ser aprimorados de acordo com as demandas coletivas.

Os **projetos de lei de iniciativa popular** de desenvolvimento urbano são provenientes de uma determinação constitucional. Para leis federais, conforme o art. 61, inciso 2º, da Constituição Federal, a sociedade pode apresentar um projeto de lei à Câmara dos Deputados, desde que a proposta seja assinada por 1% do eleitorado brasileiro distribuído por pelo menos cinco estados brasileiros.

Portanto, foi com a Constituição Federal de 1988 que o modelo de democracia participativa passou a constituir as políticas sociais, entre elas as políticas urbana e habitacional, focos deste livro. A Constituição prevê a participação cidadã por meio de instrumentos como o plebiscito, o referendo, a iniciativa popular de lei e ainda a participação nos conselhos de gestão de políticas sociais.

O Estatuto da Cidade definiu os municípios como os principais executores da política de desenvolvimento urbano pela lógica da gestão democrática da cidade nos processos decisórios e com controle social sobre a implementação da política urbana, ou seja, participam na elaboração, definição, gestão e execução das políticas públicas englobadas no urbano em âmbito local.

O plano diretor é o instrumento da política urbana local, decorrente de um processo político participativo que envolve todos os segmentos sociais do conjunto da sociedade, para debater e estabelecer um pacto sobre o projeto de desenvolvimento do município.

Diante de sua função de determinar como uma cidade pode e deve crescer, fixa normas que guiam as dinâmicas econômicas, o padrão de mobilidade, os investimentos em infraestrutura, as questões físico-territoriais e socioambientais, entre outros pontos que constituem o modelo de cidade pretendido.

O conhecimento espacial do município é imprescindível para o planejamento, pois este é um processo que pode ampliar ou reduzir as desigualdades provenientes das contradições existentes no modo de produção capitalista e que se refletem nas cidades de forma explícita. Logo, são fundamentais a capacitação e a participação profissional com base nos instrumentos de gestão democrática das cidades sobre todas as questões que envolvem o plano diretor.

Profissionais das mais diversas áreas da gestão pública municipal podem participar e estimular a participação da população e dos movimentos sociais para discutir e decidir sobre questões que envolvam a coletividade e respeitem a diversidade da região.

Em suma, para as cidades, a gestão do plano diretor participativo como um instrumento da política urbana municipal traz à tona potencialidades e limitações em sua formulação e implementação, visto que deve equilibrar os diversos interesses e também garantir a efetiva participação comunitária (Rezende; Ultramari, 2007).

O plano diretor é gerido pelos municípios por meio de secretaria municipal correspondente em consonância com o conselho municipal, mas as diversas áreas que são abrangidas por ele, como habitação, mobilidade, acessibilidade, transporte, saneamento e meio ambiente, também estão vinculadas a programas e políticas estaduais e federais por meio das secretarias estaduais e dos ministérios federais. Em específico, apresentamos, na próxima seção, o Ministério das Cidades como responsável federal pela gestão da PNDU em consonância com os demais entes federativos: municípios e estados.

2.6 Gestão das cidades no Brasil

A responsabilidade administrativa federal pelos assuntos relacionados às cidades fica a cargo, no Brasil, do Ministério das Cidades, criado em 1º de janeiro de 2003, primeiramente a partir da Medida Provisória n. 103/2003, transformada na Lei n. 10.683, de 28 de maio de 2003 (Brasil, 2013).

A história desse ministério foi marcada pelo fato de ele ter sido proveniente de uma demanda dos movimentos sociais. Estes, ligados ao Fórum Nacional de Reforma Urbana, vinham discutindo a necessidade de se superarem os recortes setoriais de áreas ligadas às cidades, como habitação, saneamento e transporte, e, para tanto, havia a necessidade de um ministério que congregasse todas as áreas, preconizando o direito à cidade na perspectiva da coletividade.

No primeiro ano de mandato, o Ministério das Cidades convocou a Primeira Conferência Nacional das Cidades, que contou com a presença de cerca de 2.500 delegados indicados por meio de conferências municipais, regionais e estaduais, chegando a mobilizar mais de 3 mil municípios (Cardoso; Aragão, 2013). A conferência deliberou sobre os princípios gerais da política urbana do governo e propôs a criação e composição do Conselho Nacional das Cidades (ConCidades) – citado anteriormente –, cuja instalação ocorreu em 2004.

A continuidade desse processo por meio da realização das Conferências das Cidades nas esferas municipal, regional e estadual para culminar na nacional tem como princípio planejar coletivamente a formação da agenda de políticas e monitorar a implementação do conjunto de políticas de desenvolvimento urbano no país, ou seja, integrar as políticas urbanas de habitação, saneamento, planejamento e gestão do solo urbano, transporte e mobilidade urbana.

Estrutura do Ministério das Cidades

- Três conselhos: Conselho Curador do Fundo de Desenvolvimento Social; Conselho das Cidades (ConCidades); Conselho Nacional de Trânsito (Contran).
- Cinco secretarias: Secretaria Nacional de Habitação (SNH); Secretaria Nacional de Saneamento Ambiental (SNSA); Secretaria Nacional de Transporte e da Mobilidade Urbana (Semob); Secretaria Nacional de Acessibilidade e Programas Urbanos (Snapu) e Secretaria Executiva.

> ▨ Um departamento: Departamento Nacional de Trânsito (Denatran).
> ▨ Dois órgãos vinculados ao ministério: Companhia Brasileira de Transporte Urbano (CBTU) e Companhia de Trens Urbanos de Porto Alegre (Trensurb).

Como os conselhos são instâncias de negociação entre interesses que se confrontam, um importante resultado do debate político e técnico ocorrido são as deliberações e os encaminhamentos que se concretizam por meio da homologação de resoluções, as quais são direcionadas para a gestão do Ministério das Cidades. Como exemplo de resoluções do Conselho das Cidades, podemos citar a elaboração de planos diretores participativos dos municípios brasileiros, a criação de conselhos das cidades nos âmbitos estadual e municipal e a constituição do Conselho Gestor do Fundo Nacional de Habitação de Interesse Social (FNHIS).

Quanto ao Ministério das Cidades, as competências a ele vinculadas são:

> a) política de desenvolvimento urbano; b) políticas setoriais de habitação, saneamento ambiental, transporte urbano e trânsito; c) promoção, em articulação com as diversas esferas de governo, com o setor privado e organizações não governamentais, de ações e programas de urbanização, de habitação, de saneamento básico e ambiental, transporte urbano, trânsito e desenvolvimento urbano; d) política de subsídio à habitação popular, saneamento e transporte urbano; e) planejamento, regulação, normatização e gestão da aplicação de recursos em políticas de desenvolvimento urbano, urbanização, habitação, saneamento básico e ambiental, transporte urbano e trânsito; f) participação na formulação das diretrizes gerais para conservação dos sistemas urbanos de água, bem como para a adoção de bacias hidrográficas como unidades básicas do planejamento e gestão do saneamento. (Brasil, 2015)

O Ministério das Cidades, por meio de sua estrutura organizacional e tendo como base os princípios constitucionais regulamentados pelo Estatuto da Cidade, concentra programas e ações das diversas áreas pertinentes às cidades e que anteriormente estavam dispersas em outras instituições governamentais. A lógica desse órgão do governo central é romper com a fragmentação na gestão da política urbana, com a finalidade de gerar eficiência e eficácia na aplicação dos recursos e efetividade diante das demandas apresentadas.

Representando o governo central, o Ministério das Cidades estabelece os programas e as ações, mas cabem ao município, na qualidade de governo subnacional, o planejamento e a gestão urbana local. A implantação dos conselhos municipais das cidades e a organização e participação nas conferências municipais e nas audiências públicas com temas referentes à política de desenvolvimento urbano são mecanismos de discussão das cidades.

A política urbana adotada nacionalmente apresenta uma divisão intergovernamental de competências. Como é constituída por políticas de prestação de serviços, como transporte, saneamento e habitação, a implementação dos programas fica sob responsabilidade dos estados e dos municípios e sob a coordenação, regulação e supervisão da União (Arretche, 2012).

Como se trata de políticas não reguladas, não apresentam constitucionalmente determinação de gastos (Arretche, 2010), mas têm certa autonomia de implementação. Essa configuração de política pode acarretar a amplificação ou a redução das desigualdades territoriais entre os municípios brasileiros, pois a diversidade de políticas públicas não reguladas pode ser abordada de forma diferenciada pelo governo central e pelos governos subnacionais (estados e municípios) em seu grau de priorização e sua capacidade de implementar essas políticas, o que afeta o quadro de desigualdade.

Síntese

Este capítulo abrangeu elementos conceituais e técnicos para a compreensão das cidades e da política urbana vinculada ao Ministério das Cidades, que, juntamente com seus órgãos colegiados e fundos, tem competência nacional sobre a Política Nacional de Desenvolvimento Urbano (PNDU) e, dentro dela, a Política Nacional de Habitação (PNH), que será apresentada no próximo capítulo.

Para saber mais

No decorrer do capítulo, há várias dicas de livros, sites, documentários etc., as quais se encontram em quadros específicos. Além da bibliografia citada no capítulo, também indicamos para complementar a leitura sobre urbanização brasileira as obras de Milton Santos, Ermínia Maricato e Roberto Lobato Corrêa. Sobre o tema do planejamento urbano e política urbana, recomendamos as obras de Marcelo Lopes de Souza, Fábio Duarte, Clóvis Ultramari, Edésio Fernandes e Maria Encarnação Beltrão Sposito.

Questões para revisão

1. Faça uma análise da citação a seguir com base nos conceitos de *urbano* e *cidade* apresentados no capítulo.

    "Poderíamos dizer que somos constituídos pelo urbano, mas vivemos as cidades, e nela deixamos rastros, constituímos símbolos, físicos e imaginários, formamos imagens de nossas aspirações" (Frey; Duarte, 2006, p. 112).

2. Observe a foto a seguir e responda:

    Quais aspectos do urbanismo de risco você observa na foto? Apresente uma fundamentação teórica para justificar sua resposta.

    Chico Ferreira/Pulsar Imagens

3. Relacione os conceitos listados a seguir com sua adequada caracterização.
   I) Segregação espacial urbana
   II) Segregação imposta
   III) Segregação compulsória
   IV) Autossegregação
   ( ) Refere-se a certos grupos sociais que se isolam ou se concentram em determinadas áreas como forma de reprodução de seu poder político e social.
   ( ) É o processo de deslocamento das pessoas com baixa renda para áreas precárias, submetidas a desigualdades, miséria e discriminação.
   ( ) É um processo que cria uma propensão à organização espacial em áreas de forte semelhança social.
   ( ) Pode ser compreendida como a implantação de programas habitacionais, que proporciona a criação de bairros padronizados.
   A ordem correta de preenchimento, de cima para baixo, é:
   a) IV, III, I, II.
   b) I, II, III, IV.
   c) IV, III, II, I.
   d) II, I, III, IV.
   e) III, IV, II, I.

4. Complete adequadamente a frase:
   Planejamento é um processo contínuo de _____ no qual estão inscritas relações de poder, o que caracteriza ou envolve uma função política no sentido de _____.
   Planejamento urbano é pensar o _____ e tudo o que o envolve, ou seja, pensar qual é a cidade que se almeja.
   a) responsabilidade/decidir sobre tudo/espaço virtual
   b) tomada de decisão/compromisso com a sociedade/espaço urbano
   c) responsabilidade/desmobilizar a sociedade/espaço urbano

d) tomada de decisão/descompromisso com a sociedade/espaço virtual
e) tomada de decisão/responsabilidade/espaço urbano.

5. Tendo como referência o Estatuto da Cidade, indique se as afirmativas a seguir são verdadeiras (V) ou falsas (F):
( ) O Estatuto da Cidade foi aprovado pela Lei n. 10.257/2001, que regulamenta os arts. 182 e 183 da Constituição Federal de 1988.
( ) Estabelece regras para ocupar o espaço urbano entre os seus mais de 30 instrumentos distribuídos em 5 capítulos.
( ) Tem como finalidade consagrar a função social da cidade e da propriedade.
( ) O plano diretor é obrigatório para todos os municípios.
a) V, V, F, F.
b) V, F, F, F.
c) V, V, V, F.
d) F, V, F, V.
e) V, F, V, V.

Questões para reflexão

1. Para esta questão, você deve selecionar um município e seguir as orientações apresentadas na sequência.

   O Brasil apresenta uma diversidade de características em seus municípios. E o município de seu interesse?

   Consulte fontes de pesquisa, como IBGE, Ipea, Atlas do Desenvolvimento do Brasil, *sites* municipais e estaduais, e preencha o formulário a seguir:

   Caracterização municipal
   Nome do município:
   Ano de instalação:
   Área total:
   Características centrais da história do município:

Dados sociais e econômicos

População total (último censo)	População rural	População urbana	Densidade demográfica
Homens (último censo)	Mulheres	Coeficiente de Gini	PIB (ano anterior)

Índices de Desenvolvimento Humano Municipal e seus componentes[3]

IDHM e componentes	1991	2000	2010
IDHM educação			
% de 18 anos ou mais com ensino fundamental completo			
% de 5 a 6 anos frequentando a escola			
% de 11 a 13 anos frequentando os anos finais do ensino fundamental			
% de 15 a 17 anos com ensino fundamental completo			
% de 18 a 20 anos com ensino médio completo			
IDHM longevidade			
Esperança de vida ao nascer (em anos)			
IDHM renda			
Renda *per capita* (em R$)			
% de extremamente pobres			
% de pobres			

---

3 Consulte o *site* <www.atlasbrasil.org.br>.

Indicadores sociais

	1991	2000	2010
Infraestrutura e habitação			
% da população em domicílios com água encanada			
% da população em domicílios com energia elétrica			
% da população em domicílios com coleta de lixo *Somente para população urbana.			
Crianças e jovens			
Mortalidade infantil			
% de crianças de 0 a 5 anos fora da escola			
% de crianças de 6 a 14 anos fora da escola			
% de pessoas de 15 a 24 anos que não estudam, não trabalham e são vulneráveis, na população dessa faixa			
Família			
% de mães chefes de família sem ensino fundamental e com filho menor, no total de mães chefes de família			
% de vulneráveis e dependentes de idosos			
% de crianças com até 14 anos de idade que têm renda domiciliar *per capita* igual ou inferior a R$ 70,00 mensais			
Trabalho e renda			
% de vulneráveis à pobreza			
% de pessoas de 18 anos ou mais sem ensino fundamental completo e em ocupação informal			
Condição de moradia			
% da população em domicílios com banheiro e água encanada			

Agora, analise os principais índices de evolução do município e os principais problemas detectados, definindo as prioridades municipais. Não se esqueça de que, para interpretar os dados, você deve:
- ter uma visão geral dos problemas municipais com base nos indicadores coletados;
- analisar os problemas que ocorrem com mais frequência no decorrer das décadas (1991, 2000, 2010);
- definir as prioridades municipais nas políticas públicas.

2. A cidade é muitas vezes observada de acordo com o conjunto de memórias e experiências vivenciadas. Desenhe um mapa do local de sua residência até o local de seu trabalho ou estágio ou qualquer mapa de deslocamento que você faça com certa frequência.
   a. Quais foram as observações levantadas? Você percorre esse trajeto a pé ou de carro? Existe diferença na observação?
   b. Percebeu problemas? Faltam espaços verdes? Como é a mobilidade? O trajeto tem placas de trânsito?
   c. Apresenta potenciais que podem ser ativados como solução de problemas?
   d. Compare os problemas com os potenciais e reflita sobre como agir diante do direito à cidade. De que forma você pode participar e estimular a ação da população na solução dos problemas observados?

Sandra Maria Scheffer

CAPÍTULO 3

Direito à moradia e política habitacional

Conteúdos do capítulo:

- Concepções sobre moradia e habitação.
- Retrospectiva histórica da política de habitação.
- A política e o Sistema Nacional de Habitação.
- Demanda habitacional no espaço urbano e programas habitacionais.
- A política de habitação e o trabalho técnico social.

Após o estudo deste capítulo, você será capaz de:

1. compreender a diferença terminológica entre *moradia* e *habitação* e de que forma esses conceitos se apresentam na política social pública;
2. refletir sobre o processo sócio-histórico da política habitacional brasileira;
3. entender os elementos presentes nas normativas institucionais para o trabalho do assistente social.

Entre as necessidades básicas da humanidade, uma primordial é a moradia. É essencial dispor de um espaço onde possam ser atendidas necessidades objetivas e subjetivas para a manutenção da vida.

Não basta uma edificação com paredes, chão e teto, ou seja, uma habitação, é necessário mais, é preciso constituir uma moradia que respeite as condições físicas do imóvel e da infraestrutura básica, que considere a acessibilidade e a urbanidade e, sobretudo, que evidencia o respeito às pessoas que ali vão residir, as quais vão estabelecer uma identidade com o local.

Diante dessas reflexões, este capítulo traz, em um primeiro momento, o esclarecimento conceitual e legal da diferenciação entre *habitação* e *moradia* e, na sequência, trata da política de habitação elucidando as características de sua formulação, assim como de seus programas e ações.

Outro foco deste capítulo é a reflexão sobre o trabalho técnico do assistente social, profissional fundamental para a garantia do direito à moradia e do viver em comunidade por meio das políticas habitacionais.

3.1 Concepções sobre moradia e habitação

Habitar ou *morar*? Qual é a diferença entre esses termos? São sinônimos ou não?

Essas duas palavras, que num primeiro momento aparentam ter semelhanças e as mesmas características conceituais, na verdade não são sinônimas. Apresentam diferenças que é importante esclarecer, pois essas concepções refletem na forma como se concebe o direito social e na forma como ele é operacionalizado.

O conceito de **habitação** faz referência à parte física do imóvel, ou seja, à edificação para fins de moradia e proteção da pessoa, assim como está vinculado à rua, ao comércio, à creche, ao transporte e a toda uma infraestrutura. Constitui o *habitat* de caráter habitual ou provisório, podendo ser uma casa, um apartamento, um hotel ou até um campo para refugiados (Stefaniak, 2010). Desse modo, abarca o **como** as pessoas têm sanadas as suas necessidades de forma concreta e objetiva.

O conceito de **moradia** extrapola o de habitação, pois congrega a parte física da habitação e a rede de serviços, mas apresenta também elementos da subjetividade, ou seja, a moradia é considerada um espaço de relações entre os que residem juntos, assim como das relações com seu entorno. A moradia é o *locus* onde se expressa grande parte do processo sócio-histórico da trajetória das pessoas. Desse modo, vai além da aquisição de um domicílio, expressa características valorativas que refletem aspectos culturais da comunidade.

É necessário ressaltar que o conceito de moradia agrega qualidades específicas conforme é apreciado por autores, órgãos e legislações. Para a Organização das Nações Unidas (ONU), existe o conceito de **moradia adequada**, no qual são consideradas as características culturais das localidades. Esse conceito destaca que "O direto à moradia adequada não se limita à própria casa, ou seja, não se refere apenas a um teto e quatro paredes. A moradia deve ser entendida de forma ampla, levando-se em conta, por exemplo, aspectos culturais do local onde se encontra e da comunidade que ali habita" (ONU, 2011, p. 3).

A concepção de moradia adequada está expressa em documentos e tratados internacionais. A Declaração Universal dos Direitos Humanos, de 1948, concebe a moradia adequada como um direito humano reconhecido internacionalmente. O Pacto Internacional dos Direitos Econômicos, Sociais e Culturais, assinado em 1966, determinou em seu art. 11 que os Estados membros da ONU têm a obrigação de promover e proteger o direito à moradia adequada (ONU, 2011).

Outro princípio relacionado à moradia é o da **dignidade**. Segundo Stefaniak (2010), o direito à moradia está conectado ao princípio constitucional da dignidade, contemplando outros aspectos além da edificação e da infraestrutura.

Para tanto, é importante pautar-se na Declaração de Istambul sobre Assentamentos Humanos e na Agenda Habitat II, de 1996, que são documentos provenientes da Segunda Conferência das Nações Unidas sobre Assentamentos Humanos, realizada pela ONU-Habitat a cada 20 anos.

ONU-Habitat

A ONU-Habitat é uma organização encarregada de coordenar e harmonizar atividades em assentamentos humanos dentro do sistema das Nações Unidas, facilitando o intercâmbio global de informação sobre moradia e desenvolvimento sustentável de assentamentos humanos, além de colaborar com políticas e assessoria técnica para enfrentar o número crescente de desafios observados em cidades de todos os tamanhos.

Essa organização objetiva promover o desenvolvimento de cidades social e ambientalmente sustentáveis com a finalidade de proporcionar moradia adequada para todos.

Dica: para saber mais a respeito do assunto, acesse o *site* da ONU.

ONU-BR – Nações Unidas do Brasil. **ONU-Habitat.** Disponível em: <https://nacoesunidas.org/agencia/onu-habitat/>. Acesso em: 4 maio 2017.

A concepção de moradia digna está vinculada à de moradia adequada. Na Declaração de Istambul, são definidos como requisitos básicos para uma moradia digna: segurança jurídica para a posse; disponibilidade de infraestrutura; despesas com a manutenção que não comprometam a satisfação de outras necessidades básicas; condições efetivas de habitabilidade; acesso em condições razoáveis, especialmente para portadores de deficiência; localização que permita o acesso a emprego, serviços de saúde, educação e outros serviços sociais essenciais; a moradia e sua construção devem respeitar e expressar a identidade e a diversidade cultural da população (Stefaniak, 2010).

Essas condições, explicitadas na Conferência Habitat II em Istambul, definem e consagram o direito à moradia e o conceito de direito à cidade, os quais foram incorporados no Estatuto da Cidade. A garantia do direito a cidades sustentáveis é entendido como direito à terra urbana, à moradia, ao saneamento ambiental, à infraestrutura urbana, ao transporte e aos serviços públicos, ao trabalho e ao lazer, para as presentes e futuras gerações (Brasil, 2001).

Na Constituição Federal de 1988, o termo *moradia* é expresso no art. 6º do capítulo referente aos direitos sociais. A moradia foi incorporada como um direito social na Constituição no ano de 2000, por meio da Emenda Constitucional n. 26. Conforme esse artigo, "São direitos sociais a educação, a saúde, a alimentação, o trabalho, a **moradia**, o lazer, a segurança, a previdência social, a proteção à maternidade e à infância, a assistência aos desamparados, na forma desta Constituição" (Brasil, 1988, grifo nosso).

No texto constitucional, também está explicitado o conceito de direito à propriedade, no capítulo relativo aos direitos e deveres individuais e coletivos, sob dois focos: o individual e privado e o coletivo e social. No art. 5º, inciso XXII, a ênfase é ao privado: "é garantido o direito à propriedade" (Brasil, 1988); no art. 5º, inciso XXIII, a ênfase é ao social: "a propriedade atenderá a sua função social" (Brasil, 1988).

Reitera-se a propriedade urbana pelo viés coletivo no art. 182, parágrafo 2º, da Constituição, isto é, delegando a ela uma função social: "A propriedade urbana cumpre sua função social quando atende às exigências fundamentais de ordenação da cidade expressas no plano diretor" (Brasil, 1988). Isso coloca o exercício da propriedade como inerente à função social, devendo estar em consonância com as regras urbanísticas municipais. O Estatuto da Cidade segue esses preceitos e rege as legislações municipais para se adequarem às regras constitucionais.

O direito à propriedade como direito individual e coletivo é anterior ao direito à moradia definido na seção dos direitos sociais no texto constitucional. O primeiro já constava na Constituição desde sua promulgação, em 1988, e o segundo foi incorporado 12 anos depois, por meio de emenda constitucional, como mencionamos anteriormente.

Sobre a questão do morar e do ser proprietário, Milton Santos faz uma importante colocação:

> E o direito de morar? Confundido em boa parte da literatura especializada com o direito a ser proprietário de uma casa, é objeto de um discurso ideológico cheio, às vezes, de boas intenções e, mais frequentemente, destinado a confundir os espíritos, afastando cada vez para mais longe uma proposta correta que remedeie a questão. Por enquanto, o que mais se conseguiu foi consagrar o predomínio de uma visão imobiliária da cidade, que impede de enxergá-la como uma totalidade. (Santos, 2007, p. 61)

Santos chama a atenção para a diferença entre o direito de morar e o direito de ser proprietário. Destaca que morar é relegado a um segundo plano, pois, no modo de produção capitalista, a propriedade privada é repassada como um valor que demonstra que a população está inserida nesse sistema e, portanto, pode utilizar a propriedade como bem de uso e de troca. Essa lógica apresenta como pano de fundo inúmeros interesses de setores diversos, como o imobiliário, a construção civil e o Estado. Esses agentes exercem pressão uns sobre os outros com a finalidade de atingir seus objetivos, porém todos se constituem em elementos que modificam o espaço urbano.

Mesmo diante das diferenças semânticas entre *moradia* e *habitação*, na política pública o termo utilizado é *habitação*, que passou a ser habitualmente empregado para definir a intervenção estatal sobre a questão social da moradia. O uso dessa terminologia passou a ser maior após a criação do Banco Nacional da Habitação (BNH), em 1964, tema que será examinado na próxima seção.

3.2 Retrospectiva histórica da política de habitação

Aqui vamos fazer uma breve exposição das ações mais marcantes na área habitacional realizadas pelo poder estatal brasileiro. Esses acontecimentos são importantes para a compreensão da forma de tratamento direcionada à questão na trajetória histórica.

As primeiras ações estatais na área habitacional são do final do século XIX e início do século XX, quando o Estado começou a intervir no processo de urbanização com medidas de higiene pública associadas ao controle de epidemias de doenças infectocontagiosas (febre amarela, cólera, entre outras). Considerava-se que a cidade era a causa das doenças em virtude de uma desordem médica e social (Bonduki, 2011). Essas epidemias proliferavam, e a pobreza nas cidades era considerada um problema para o desenvolvimento. Portanto, foram tomadas algumas providências: retirada de cortiços das áreas centrais dos grandes centros urbanos, recolhimento dos mendigos, alargamento das ruas para facilitar a ventilação do ar, entre outras (Silva, 1989).

O Estado incidiu em três frentes de atuação: controle sanitário nas casas; alteração na legislação urbanística e em obras de saneamento com rede de água e esgoto; urbanização da área central (Bonduki, 2011). Essas ações favoreceram a ampliação do processo de segregação por meio da intervenção pública, em especial com a remoção de famílias pobres para as áreas periféricas.

De acordo com o Estado, a questão sanitária teve primazia, justificando o controle sobre as moradias e os espaços da população pobre urbana, por meio de um tratamento repressivo. Nos primórdios da intervenção estatal, o problema da habitação foi enfrentado com autoritarismo sanitário (Bonduki, 2011).

Durante o governo de Getúlio Vargas, foi realizada a primeira medida direcionada a uma política habitacional, com a criação dos parques proletários, em 1937, destinados às famílias faveladas e desabrigadas. As favelas eram consideradas um mal a ser eliminado. Os parques proletários tinham esse nome por serem construídos próximos a fábricas para facilitar o acesso a elas. Aliava-se, dessa maneira, um financiamento público na área habitacional com as condições de reprodução da força de trabalho (Scheffer, 2003).

Também no Governo Vargas, foram concebidas as carteiras prediais, vinculadas ao sistema previdenciário. Essa política de oferta de habitação era destinada às pessoas vinculadas aos institutos de previdência, o que propiciou a seletividade do atendimento e a atuação fragmentária.

Outra medida relevante, porém que acabou por agravar a crise da habitação no Governo Vargas, foi a criação da Lei do Inquilinato, em 1942 (Bonduki, 2011). Essa lei, por um lado, determinou o congelamento dos aluguéis, com fins de desestimular a construção de casas para aluguel. Por outro, incentivou a construção de imóveis para venda. Estes, no entanto, não eram acessíveis aos trabalhadores de menor poder aquisitivo, que se viram obrigados a procurar alternativa nos loteamentos clandestinos nas periferias.

Em 1946, foi implantada a Fundação da Casa Popular, considerada o primeiro órgão voltado para a construção da habitação popular. Foi mantida até 1964 e foi marcada pelo clientelismo e pela pulverização nas ações (Silva, 1989). Paralelamente, os institutos de aposentaria e previdência, mesmo não sendo este seu foco de atuação, produziram grande quantidade de unidades habitacionais para a classe média. Bonduki (2011) considera que a Fundação da Casa Popular não obteve méritos na política habitacional em razão da falta de interlocução entre as pessoas beneficiadas e o governo na formulação das políticas, assim como dos inúmeros interesses de grupos econômicos, corporativos e políticos que se contrapunham ao projeto e que atuavam com eficiência para desmantelá-lo.

Na década de 1950, a industrialização ocorreu de modo acelerado, ampliando o processo de urbanização e consolidando uma sociedade de base urbano-industrial. Por conseguinte, ampliaram-se as demandas por serviços públicos, como escola, habitação e saúde. Esse período foi marcado pelo surgimento de favelas e pela expansão das periferias, dando visibilidade à crise da habitação, que, no entanto, foi relegada a segundo plano, uma vez que foram desenvolvidas ações com atendimento insignificante, agravando, assim, os problemas da demanda habitacional (Bonduki, 2011).

Durante o Governo João Goulart (1961-1964), a conjuntura do país foi marcada por vários movimentos populares, pelo crescimento do sindicalismo e de greves e pela insatisfação dos militares em relação ao governo. Diante desse cenário, ocorreu o Golpe Militar de 1964, modificando o cenário político, econômico e social do país, que passou a ser marcado por um regime autoritário de repressão política.

Mesmo na ditadura, o governo buscou sua legitimação por meio das políticas sociais como uma forma de apresentar os "benefícios" trazidos pelo golpe. O Estado passou a assumir efetivamente a habitação como política habitacional no período militar. O Banco Nacional da Habitação (BNH), grande marco da política habitacional no país no século XX, foi criado em 1964. Em 1966, foi instituído o Fundo de Garantia por Tempo de Serviço (FGTS), um fundo de arrecadação compulsória que funciona como fundo-desemprego e como mecanismo de financiamento da construção de moradias.

O BNH atuou até 1986, com a finalidade de atender à demanda habitacional. A política habitacional adotada correspondeu à construção de inúmeros conjuntos habitacionais configurados de forma uniforme por todo o país. Segundo Paz e Taboada (2010), o BNH caracterizou-se pela gestão centralizada e autoritária, própria da estratégia dos governos militares, e, durante sua vigência, realizou investimentos consideráveis com recursos advindos especialmente do FGTS. Concretizou em torno de 4,3 milhões de unidades sem considerar as diferenças regionais – geográficas e culturais. Fomentou fortemente a indústria da construção civil e ampliou as frentes de trabalho das empreiteiras, combinando interesses do Poder Público com o capital imobiliário e empresarial.

Foram vários os problemas que se avolumaram até a extinção do órgão, como a desconfiguração de seus objetivos por meio do atendimento da demanda da classe média e o alto grau de inadimplência dos mutuários em razão das dificuldades enfrentadas pelos trabalhadores na década de 1980, conhecida pelos arrochos salariais.

A década de 1980 também foi marcada por pressões populares em meio à crise econômica. Os movimentos sociais foram importantes no processo de abertura democrática e de lutas pela melhoria das condições de vida. A promulgação da Constituição em 1988 foi uma conquista após vários embates e discordâncias, em que, apesar de tudo, ocorreram alguns avanços, entre eles os arts. 182 e 183, referentes à política urbana.

Nos períodos seguintes, com a extinção do BNH, a política habitacional ficou sob a alternância de vários ministérios e secretarias, o que demonstra o descaso para com a questão. "Essa política, em 1989, tinha o poder de **Ministério**, e, em 1990, passa a configurar-se com a função de **Secretaria** e, a partir de 1994, passa a ser uma **diretoria** de habitação da Secretaria de Política Urbana do Ministério do Planejamento e Orçamento" (Scheffer, 2003, p. 36, grifo nosso).

A Caixa Econômica Federal assumiu a responsabilidade sobre os financiamentos. Em 1999, durante o governo do presidente Fernando Henrique Cardoso, a questão habitacional foi repassada para a Secretaria Especial de Desenvolvimento Urbano (Sedu), que congregou as políticas setoriais de habitação, saneamento e transporte em consonância com a política urbana. A marca desse governo, na área habitacional, foi a retomada dos financiamentos com base nos recursos do FGTS e do Sistema Brasileiro de Poupança e Empréstimo (SBPE). Entre os programas instituídos, sobressaíram-se os de financiamento voltados ao beneficiário final, como a Carta de Crédito Individual e a Carta de Crédito Associativo, que são aqueles em que não há um órgão intermediador, como a Companhia de Habitação (Cohab).

As ações governamentais no período continuaram focadas nas camadas de renda média. "Entre 1995 e 2003, 78,84% do total dos recursos foram destinados a famílias com renda superior a 05 (cinco) Salários Mínimos (SM), sendo que apenas 8,47% foram destinados para a baixíssima renda (até 03 SM) – faixa de salário onde se concentram 83,2% do déficit habitacional quantitativo" (Bonduki; Rossetto, 2009, p. 9).

Os reduzidos recursos destinados às famílias de baixa renda eram provenientes majoritariamente do Orçamento Geral da União (OGU) e passavam por negociações políticas que poderiam ou não adequá-los às necessidades habitacionais, pois parte dos recursos se destinava a atender a emendas orçamentárias de parlamentares e a aplicação da outra parte dependia de definição governamental.

Como marco legal, a partir da Constituição de 1988, houve uma rearticulação da política habitacional que, segundo Arretche (2012), ocorreu de forma lenta e gradual, por meio de uma série de aprimoramentos institucionais, de regulamentação jurídica e de capacitação organizacional.

Em 2000, houve um marco fundamental que representou uma diretriz para orientar o Poder Público na implementação de políticas públicas referentes a essa necessidade essencial do ser humano: o direito à moradia foi constitucionalmente definido por meio da Emenda Constitucional n. 26/2000, como já mencionado. A forma como a questão foi expressa na Constituição define como deve ser tratada; como apresentado anteriormente, a moradia ultrapassa o conceito de habitação.

Em 2001, foi instituído o Estatuto da Cidade, que regulamentou os arts. 182 e 183 da Constituição Federal de 1988, os quais se referem à política urbana. O Estatuto expressa o direito à moradia em sua amplitude, ou seja, considerando toda a dimensão de uso e ocupação do solo urbano, de organização da cidade, de política urbana, com a definição de instrumentos tributários, financeiros, jurídicos, administrativos, sociais e políticos.

Como destacado no Capítulo 2, outro marco proveniente das reivindicações dos movimentos populares foi a criação do Ministério das Cidades em 2003. O governo federal organizou institucionalmente a política urbana por meio desse ministério, congregando as políticas setoriais de habitação, saneamento ambiental, transporte e trânsito e reforçando a descentralização e o fortalecimento dos municípios como entes federativos definidos na Constituição Federal.

Seguindo a lógica dessa trajetória, em 2004 foi criado o Conselho Nacional das Cidades (ConCidades), que tem por finalidade estudar e propor diretrizes para a formulação e a implementação da Política Nacional de Desenvolvimento Urbano (PNDU), bem como acompanhar sua execução. É um órgão colegiado de natureza deliberativa e consultiva, em que atores sociais participam do processo de tomada de decisão sobre as políticas formuladas e executadas pelo ministério (Arretche, 2012).

A Política Nacional de Habitação (PNH) foi aprovada pelo ConCidades em 2004 e está inclusa na PNDU. Distingue medidas políticas, legais e administrativas capazes de efetivar o exercício do direito social à moradia e propõe a organização do Sistema Nacional de Habitação (SNH), que organiza agentes que atuam na área de habitação e reúne esforços dos três níveis de governo e do mercado, além de cooperativas e associações populares.

O marco legal da política habitacional de interesse social foi a Lei n. 11.124, de 16 de junho de 2005 (Brasil, 2005), que tem como foco a população de baixa renda e por princípios a pactuação federativa, a descentralização, a participação da sociedade e o controle social. A lei apresenta a determinação da composição do Sistema Nacional de Habitação de Interesse Social (SNHIS) com o Fundo Nacional Habitacional de Interesse Social (FNHIS). Com essa lei, os municípios tiveram de se organizar para implementar instrumentos da política habitacional para acessar os recursos do FNHIS. Para tanto, precisaram elaborar o Plano Municipal de Habitação de Interesse Social, realizando o diagnóstico e propondo estratégias de ação para atuar sobre a questão, e apresentá-lo ao Ministério das Cidades. Também tiveram de constituir o Conselho e o Fundo Municipal de Habitação.

O Brasil também precisava ter seu plano de habitação. Para tanto, foram organizados diversos debates regionais e setoriais desde 2007, envolvendo especialmente o acompanhamento direto dos representantes do ConCidades e do Conselho Gestor do Fundo Nacional de Habitação de Interesse Social (CGFNHIS) para, por meio de um processo participativo, constituir o documento. Lançado em março de 2009, o Plano Nacional de Habitação (PlanHab) tem a finalidade de orientar as ações públicas e privadas e direcionar os recursos para o enfrentamento das necessidades habitacionais do país com horizonte temporal definido para 2023.

O PlanHab passou a ser documento do planejamento habitacional no Brasil, favorecendo a definição da habitação como política social e de Estado e destacando a participação ativa dos setores públicos estaduais e municipais, dos agentes e movimentos sociais e também do setor privado.

Considerando as principais ações voltadas para a área habitacional até o início do século XXI, podemos concluir que a questão habitacional no Brasil é decorrente do processo sócio-histórico de urbanização, ao mesmo tempo que interfere nesse processo.

Outro ponto relevante é que o governo federal teve, após a definição da moradia como um direito social em 2000, uma sequência de alterações nas estruturas institucionais e legais em que o direito à moradia está incluso. O papel fundamental do Estado na efetivação de políticas públicas que pudessem tornar efetivo o direito social à moradia se expressou por meio de programas vinculados à política social de habitação para atender à demanda habitacional. Esses programas serão apresentados na sequência.

3.3 A Política e o Sistema Nacional de Habitação

A Política Nacional de Habitação (PNH) de 2004 foi elaborada com base nos princípios da Constituição de 1988 e do Estatuto da Cidade, com o objetivo de garantir o acesso à moradia integrando a política habitacional e a PNDU.

Apresenta como princípios:

- direito à moradia, enquanto um direito individual e coletivo, previsto na Declaração Universal dos Direitos Humanos e na Constituição Brasileira de 1988. O direito à moradia deve ter destaque na elaboração dos planos, programas e ações; [...];
- moradia digna como direito e vetor de inclusão social garantindo padrão mínimo de habitabilidade, infraestrutura, saneamento ambiental, mobilidade, transporte coletivo, equipamentos, serviços urbanos e sociais;
- função social da propriedade urbana buscando implementar instrumentos de reforma urbana que possibilitem melhor ordenamento e maior controle do uso do solo, de forma a combater a retenção especulativa e garantir acesso à terra urbanizada;
- questão habitacional como uma política de Estado uma vez que o poder público é agente indispensável na regulação urbana e do mercado imobiliário, na provisão da moradia e na regularização de assentamentos precários, devendo ser, ainda, uma política pactuada com a sociedade e que extrapole um só governo;
- gestão democrática com participação dos diferentes segmentos da sociedade, possibilitando controle social e transparência nas decisões e procedimentos; e
- articulação das ações de habitação à política urbana de modo integrado com as demais políticas sociais e ambientais. (Brasil, 2004b, p. 30-31)

A PNH constituiu o Sistema Nacional de Habitação (SNH) como um instrumento de organização de agentes que atuam na área de habitação e como meio para reunir os esforços dos governos federal, estadual e municipal e do mercado privado, além de cooperativas e associações populares, para enfrentar o déficit habitacional.

Sistema Nacional de Habitação de Interesse Social e de Mercado

Para obter mais informações sobre a estrutura organizacional dos subsistemas de habitação, como as diretrizes e linhas programáticas de atuação, consulte os documentos do Ministério das Cidades.

> BRASIL. Ministério das Cidades. **Política Nacional de Habitação.** Brasília, 2004. Disponível em: <http://www.cidades.gov.br/images/stories/ArquivosSNH/ArquivosPDF/4PoliticaNacionalHabitacao.pdf>. Acesso em: 4 maio 2017.

O SNH está subdividido em dois subsistemas: o Sistema Nacional de Habitação de Interesse Social (SNHIS) e o Sistema Nacional de Habitação de Mercado (SNHM), os quais devem estabelecer formas para a provisão de moradias para a diversidade de segmentos sociais (Figura 3.1).

Figura 3.1 – Organograma do Sistema Nacional de Habitação

```
                 Sistema Nacional
                 de Habitação (SNH)
                   /            \
    Sistema Nacional de      Sistema Nacional de
    Habitação de Interesse   Habitação de Mercado
    Social (SNHIS)           (SNHM)
```

O SNHM tem por finalidade: reorganizar o mercado privado de habitação, ampliar as formas de captação de recursos, estimular a inclusão de agentes que facilitem a promoção imobiliária, para atender a parcelas significativas da população hoje assistidas por recursos públicos (Brasil, 2004b). Portanto, busca atender a segmentos cujo destinatário final não precise de subsídios públicos e possa procurar os órgãos financeiros habilitados para adquirir seu financiamento.

O SNHIS tem como marco histórico o fato de ter sido o primeiro projeto de iniciativa popular apresentado ao Congresso Nacional, em 1991, fruto da mobilização nacional dos movimentos populares por moradia de diversas entidades e do Movimento Nacional da Reforma Urbana. Como consta no documento da

PNH (Brasil, 2004b, p. 66), o SNHIS tem como objetivo principal "garantir ações que promovam o acesso à moradia digna para a população de baixa renda". Os planos, programas e projetos a serem executados devem perseguir estratégias e soluções de atendimento para as faixas de habitação de interesse social de acordo com as especificidades regionais e o perfil da demanda.

No SNH vigente, a União desempenha o papel de coordenação, regulação e supervisão das políticas a serem executadas pelos estados e pelos municípios, os quais têm funções proeminentes na instalação dos empreendimentos habitacionais. Os estados e os municípios ainda são responsáveis pelo cadastramento e pela seleção dos beneficiários.

3.3.1 Agentes implementadores da política de habitação

Para que a PNH (Brasil, 2004b) seja efetivada, alguns agentes são envolvidos ou no planejamento ou na implementação ou em ambas as fases.

- **Ministério das Cidades**: é o órgão ao qual competem diretrizes, prioridades, estratégias e instrumentos da PNH. Estão sob sua responsabilidade o Plano Nacional de Habitação (PlanHab), a gestão dos conselhos nacionais e também a oferta de subsídios técnicos para a criação de fundos e respectivos conselhos estaduais, do Distrito Federal, regionais e municipais, com o objetivo de incentivá-los a aderir ao SNHIS. Compete a esse órgão a compatibilização da PNH com as demais políticas setoriais.
- **Conselhos**: fazem parte da estrutura do SNH diversos conselhos, como: Conselho das Cidades (ConCidades), Conselho Gestor do Fundo Nacional de Habitação de Interesse Social (CGFNHIS), Conselho Curador do Fundo de Garantia por Tempo de Serviço (CCFGTS). Estes, em consonância com outros conselhos, como o Conselho Curador do Fundo de Desenvolvimento Social (CCFDS) e o Conselho do Fundo de Amparo ao Trabalhador

(Codefat), planejam e deliberam sobre os aspectos financeiros e os programas na gestão do SNH. A PNH tem como controle das suas ações conselhos, fóruns e demais instâncias de participação nos processos de planejamento e homologação das propostas.

- **Caixa Econômica Federal**: é o agente financeiro responsável pela coordenação das operações na implementação do SNH. Tem a competência de repassar os recursos do FGTS e do FNHIS, como repasses fundo a fundo previstos no SNHIS. Também tem a função de analista da capacidade aquisitiva dos beneficiários nos programas do FGTS e avalia as construtoras ou outro promotor no cumprimento das etapas da obra para liberação de recursos.
- **Órgãos descentralizados**: são constituídos pelos estados, pelo Distrito Federal e pelos municípios, bem como pelos conselhos estaduais, distrital e municipais, com atribuições específicas de habitação no âmbito local.
- **Agentes promotores**: incluem companhias de habitação, associações, sindicatos, cooperativas e outras entidades que desempenhem atividades na área habitacional.

Complementando a PNH, é relevante destacar as construtoras, representantes do setor privado, que também atuam conforme seus interesses na implementação dos programas habitacionais.

Esses agentes de órgãos ou entidades de natureza pública ou privada atuam segundo suas características específicas em cada um dos subsistemas. No caso do SNHIS, mais agentes públicos são envolvidos, como as secretarias estaduais e municipais de habitação ou órgão responsável, assim como conselhos e fundos estaduais e municipais de habitação.

O Estado, por meio dos órgãos e entidades em que é representado, é um agente que exerce múltiplos papéis tanto na formulação como na implementação da política habitacional. Em suas esferas nacional, estadual e municipal, possui competências intergovernamentais que se diferenciam e se complementam. A União atua por meio de várias ações, como estabelecimento de marcos jurídicos, coordenação e alocação dos recursos, gerenciamento e fiscalização da implementação dos programas. As esferas estadual e municipal são responsáveis pela execução dos programas e pela aprovação de leis urbanísticas específicas que definem se um empreendimento pode ou não ser implementado. As três esferas estatais devem estar em consonância com a descentralização que define duas instâncias de gestão: fundo e conselhos gestores da política habitacional.

Agentes sociais, conforme Corrêa (2014), são agentes concretos da produção do espaço, portadores de interesses e contradições que moldam a formação espacial capitalista. Lefebvre (2008) destaca que o espaço não é neutro – ele expressa em sua produção e reprodução interesses diversos que vão criando e recriando, por meio de estratégias e práticas, o formato espacial.

O Estado, como agente formulador e implementador da política habitacional, promove a ocupação espacial por meio de mecanismos que, muitas vezes, conduzem à segregação residencial, tanto pela legislação urbanística como pelos ditames das construtoras e companhias habitacionais que se destinam a atender à problemática habitacional, as quais criam programas voltados à população com menor poder aquisitivo em áreas periféricas e às classes de maior renda em áreas mais privilegiadas quanto à infraestrutura e ao acesso aos equipamentos coletivos preexistentes.

Grupos sociais que necessitam de moradia também atuam pressionando pelo cumprimento do direito social constitucional. Corrêa (2000, 2014) os define como grupos sociais excluídos, os quais produzem o espaço social em terras públicas ou privadas ou ficam à mercê de aluguéis ou cessão de imóveis.

A habitação é objeto de interesse de diversos agentes que atuam na forma espacial construída. Segundo Corrêa (2014, p. 46), processos e agentes sociais são inseparáveis e estão envolvidos na "produção, circulação e consumo de riquezas no interior de uma sociedade que se caracteriza por ser social e espacialmente diferenciada".

3.4 Demanda habitacional no espaço urbano e programas habitacionais

No Brasil, desde 1995, a metodologia adotada oficialmente para calcular o déficit habitacional é definida pelo Centro de Informações e Estatísticas da Fundação João Pinheiro. O órgão sistematiza as informações da área habitacional com base em duas vertentes de análise: déficit habitacional e inadequação de domicílios.

Fundação João Pinheiro

A Fundação João Pinheiro é uma instituição de pesquisa e ensino vinculada à Secretaria de Estado de Planejamento e Gestão de Minas Gerais.

Presta serviços a outras instituições públicas ou privadas na produção de estatísticas e na criação de indicadores econômicos, financeiros, demográficos e sociais.

Na área habitacional, desenvolve estudos anuais sobre o país e a evolução de seus indicadores, considerando a falta ou inadequação do estoque urbano de moradias.

Utiliza a base de dados produzida pelo Instituto Brasileiro de Geografia e Estatística (IBGE) e as provenientes das edições da Pesquisa Nacional por Amostra de Domicílios (Pnad). Essas pesquisas são referentes a aspectos específicos que apresentam conexão com a habitação, tais como infraestrutura, saneamento, meio ambiente, gestão urbana e outros.

Dica: Para obter mais informações, acesse o *site* da fundação. FUNDAÇÃO JOÃO PINHEIRO. **Déficit habitacional no Brasil**. 17 out. 2013. Disponível em: <http://www.fjp.mg.gov.br/index.php/produtos-e-servicos1/2742-deficit-habitacional-no-brasil-3>. Acesso em: 4 maio 2017.

O conceito de *déficit habitacional* indica a necessidade de construção de novas moradias para atender à demanda habitacional da população em dado momento. Já o conceito de *inadequação de domicílios* não está relacionada ao dimensionamento do estoque de moradias, mas às especificidades dos domicílios que prejudicam a qualidade de vida das pessoas residentes (Fundação João Pinheiro, 2015). No caso da inadequação de moradia, uma das formas de enfrentar o problema habitacional é implementar políticas complementares às políticas habitacionais e não, obrigatoriamente, construir mais unidades habitacionais.

Isso demonstra que medir a necessidade habitacional em um país com grande diversidade territorial, social, econômica e cultural é um complexo e necessário desafio, pois, a partir disso, é possível ter uma base de dados para a definição da agenda das políticas habitacionais e seus devidos programas.

O déficit habitacional é calculado pela Fundação João Pinheiro com base na soma de quatro componentes: habitação precária, coabitação familiar, ônus excessivo com aluguel urbano e adensamento excessivo de domicílios alugados.

Já o indicador de inadequação de moradia tem como base os componentes de: domicílios com carência de infraestrutura, adensamento excessivo de moradores em domicílios próprios, problemas de natureza fundiária, cobertura inadequada, sem unidade sanitária domiciliar exclusiva ou em alto grau de depreciação (Fundação João Pinheiro, 2015).

Quanto ao **déficit habitacional**, nos estudos da Fundação João Pinheiro (2015), aparece estimado, em 2012, em 5.430 milhões de domicílios, dos quais 4.664 milhões, ou 85,9%, estão localizados nas áreas urbanas. Em termos absolutos, houve um decréscimo de 151 mil unidades habitacionais no déficit habitacional brasileiro entre 2011 e 2012.

Do total do déficit habitacional estimado em 2012, 38,8% localizam-se na Região Sudeste, o que corresponde a 2.108 milhões de unidades. Em seguida vem o Nordeste, com 1.777 milhão de moradias, o que corresponde a 32,7% do total. O Norte apresenta um déficit estimado de 564.620, o Sul, de 550.726 e o Centro-Oeste, de 429.402 (Fundação João Pinheiro, 2015).

Esses dados apresentam uma diversidade regional. Na Região Nordeste, o déficit habitacional estimado em 2012 divide-se em 1.238 milhão de moradias necessárias nas áreas urbanas e em 538 mil moradias necessárias nas áreas rurais. No Sudeste, as unidades habitacionais necessárias nas áreas urbanas somam 2.054 milhões, enquanto na área rural são apenas 54 mil (Fundação João Pinheiro, 2015). O Mapa 3.1 apresenta a diversidade regional do déficit habitacional.

Mapa 3.1 – Déficit habitacional total segundo unidades da Federação – Brasil, 2012

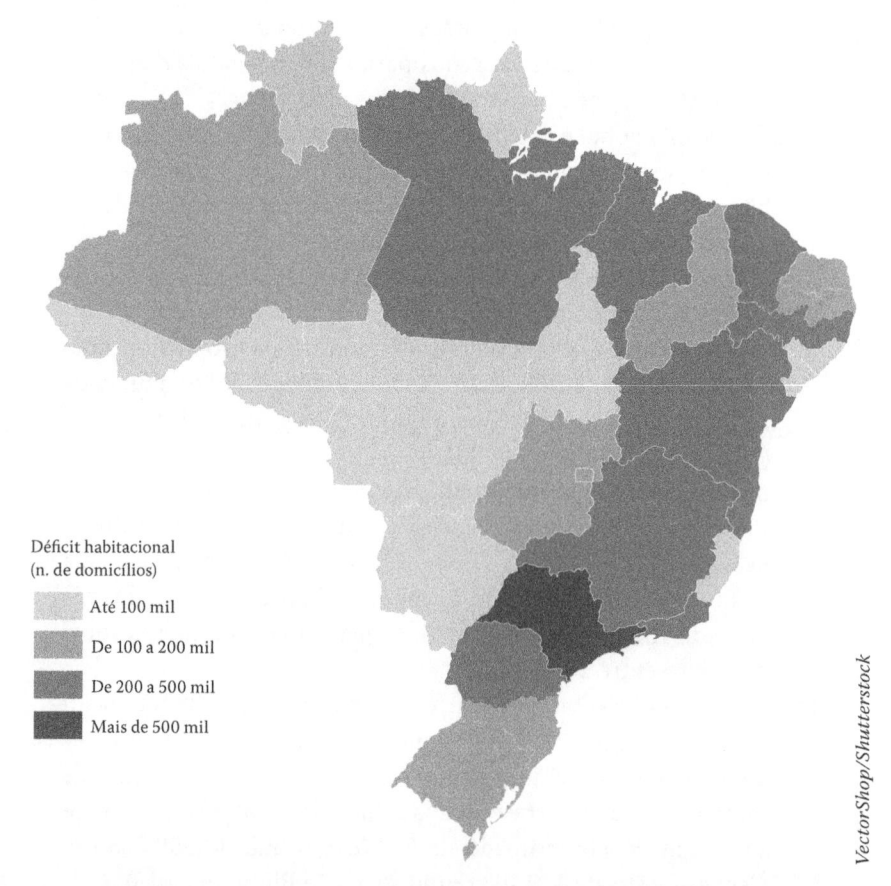

Déficit habitacional
(n. de domicílios)
- Até 100 mil
- De 100 a 200 mil
- De 200 a 500 mil
- Mais de 500 mil

Fonte: Adaptado de Fundação João Pinheiro, 2015, p. 36.

Outro ponto de destaque dos estudos da Fundação João Pinheiro (2015) é a estimativa do déficit segundo o padrão de renda das famílias urbanas. Conforme os dados da pesquisa, a concentração do déficit habitacional na faixa até três salários mínimos em 2011 e 2012 foi de 81,0% e 82,5%, respectivamente; a faixa com mais de três a cinco salários compreendia mais de 10,1% das famílias em 2012; a faixa de mais de cinco a dez salários foi de 5,6%; e a faixa de mais de dez salários correspondia a 1,8%.

Se considerada a totalidade de famílias com renda até cinco salários mínimos, temos um total de 92,6% do déficit habitacional urbano. Esses dados são base para compor a agenda de formulação e a alocação dos recursos financeiros para a implementação das políticas e dos programas habitacionais nos municípios brasileiros.

Quanto à **inadequação de domicílios**, o que é marcante e mais afeta os domicílios é a **carência de infraestrutura** e, portanto, o ponto que deve ser enfrentado pelos órgãos responsáveis pelos serviços básicos. Em 2011, havia cerca de 10.240 milhões de domicílios carentes de pelo menos um tipo de serviço de infraestrutura, o correspondente a 19% dos domicílios particulares permanentes urbanos do país. Em 2012, esse número subiu para 10.323 milhões (Fundação João Pinheiro, 2015).

O segundo componente é a **inadequação fundiária**, ou seja, imóveis em terrenos não legalizados. No total, eram 2.117 milhões de unidades, em 2011 e 2.041 milhões em 2012. Isso representava 3,9% e 3,7% dos domicílios particulares permanentes urbanos do país, respectivamente (Fundação João Pinheiro, 2015).

Os componentes **ausência de banheiro exclusivo** e **cobertura inadequada** continuaram menos expressivos em 2011 e 2012 e afetavam, no Brasil, em 2012, 266 mil (0,5% dos domicílios particulares permanentes urbanos) e 848 mil domicílios (1,5%), respectivamente. As diferenças regionais são expressivas nesses componentes, pois a ausência de banheiro apresenta-se em maior número de domicílios na Região Sudeste, e a cobertura inadequada, na Região Sul.

O quinto componente, **adensamento excessivo em domicílios próprios**, reduziu, pois, em 2011, era de 1.097 milhão de domicílios, o equivalente a 2,0% dos domicílios particulares permanentes urbanos brasileiros. Em 2012, esse número caiu para 1.073 milhão de unidades, 1,9% dos domicílios urbanos.

Esses cinco componentes estão demonstrados no Gráfico 3.1, o qual apresenta a inadequação dos domicílios urbanos classificados de acordo com a região geográfica do país, ficando evidente que determinado componente se sobressai em uma região e em outra não é preponderante, o que evidencia a diversidade de características regionais do Brasil.

Gráfico 3.1 – Distribuição dos critérios de inadequação dos domicílios urbanos segundo regiões geográficas – Brasil, 2012

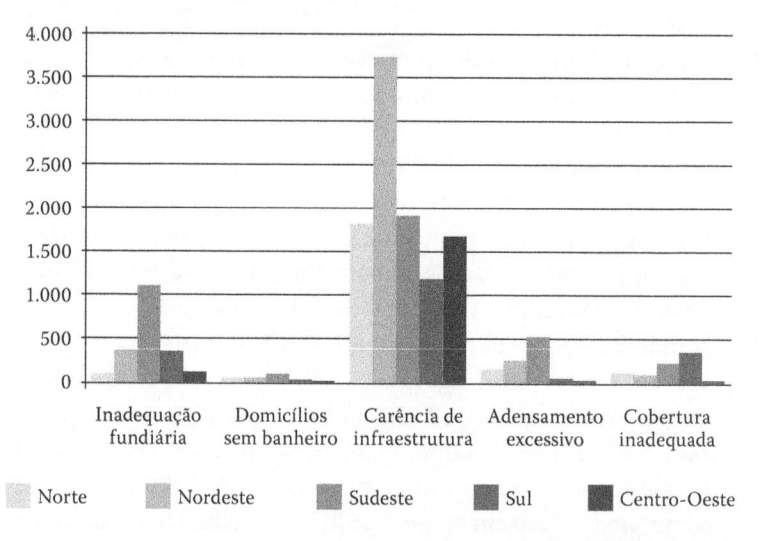

Fonte: Adaptado de Fundação João Pinheiro, 2015, p. 69.

Esses dados referentes ao déficit e à inadequação habitacional são fundamentais para distinguir as características locais específicas, as quais revelam que a questão da moradia manifesta o dinamismo e a complexidade de determinada realidade socioeconômica, demonstrando as diferentes necessidades habitacionais na diversidade dos segmentos sociais.

Com a metodologia aplicada pela Fundação João Pinheiro, também é possível planejar programas que não dependem da construção de novas moradias, como é o caso da inadequação de domicílios. Como exemplo, podemos citar os programas de regularização fundiária e urbanização de assentamentos precários, que geram a integração socioeconômica de comunidades e a legalização da propriedade.

É relevante também considerar que a moradia não se resolve por si só, pois está conectada com outras políticas, como as de urbanização, meio ambiente, trabalho e renda, educação e saúde. Em função dessa interdependência com outras áreas, a política habitacional deve planejar e implementar políticas pelo viés da intersetorialidade, e não de forma fragmentada.

Segundo Azevedo (1990), o investimento em programas de habitação deve vir acompanhado de ações intersetoriais, entendendo-se que um programa habitacional pode ser inviabilizado se outras políticas urbanas, como as de transporte, de energia elétrica, de esgotamento sanitário e de abastecimento de água, não estiverem integradas. Há também a necessidade de desenvolver programas de geração de emprego, de transferência de renda, de meio ambiente, de educação, de saúde e de assistência social, entre outros que incidem diretamente nas famílias de baixa renda.

Para Nascimento (2010), a intersetorialidade foi incorporada nas políticas públicas por meio da articulação entre instituições governamentais e entre estas e a sociedade civil. Essa medida trouxe a articulação de saberes técnicos, integrando agendas coletivas e compartilhando objetivos comuns.

Conforme Inojosa (2001, p. 105), a intersetorialidade é "a articulação de saberes e experiências com vistas ao planejamento, para a realização e a avaliação de políticas, programas e projetos, com o objetivo de alcançar resultados sinérgicos em situações complexas".

Essa característica também pode afetar a regularidade de implementação das políticas, pois, segundo Rua (2009), embora a política pública implique a cooperação e a articulação de uma diversidade de setores, também podem ocorrer divergências e competições entre os envolvidos, o que pode comprometer a eficácia, a eficiência e a efetividade dos programas sociais.

No caso da política habitacional, a intersetorialidade está prevista na implementação dos programas habitacionais pertencentes ao SNHIS, com vistas a alcançar resultados integrados entre as políticas setoriais. Essa característica também está prevista nos departamentos responsáveis pela captação de recursos dos empreendimentos habitacionais, envolvendo o trabalho entre técnicos de áreas diferentes, como assistente social, engenheiro e advogado, que buscam em consonância atender aos fins pretendidos.

Os programas habitacionais destacados a seguir dispõem de recursos de origem federal, porém os estados e os municípios podem desenvolver seus próprios programas estaduais e municipais.

Programas habitacionais

Programas habitacionais apresentados no *site* do Ministério das Cidades (Brasil, 2017), conforme a fonte do recurso:

Fundo Nacional de Habitação de Interesse Social (FNHIS)
- Programa Moradia Digna – para assentamentos precários
- Programa Urbanização, Regularização e Integração de Assentamentos Precários
- Habitação de Interesse Social (HIS)
- Ação Provisão Habitacional de Interesse Social
- Ação Apoio à Elaboração de Planos Habitacionais de Interesse Social (PLHIS)
- Ação de Apoio à Produção Social da Moradia

Orçamento Geral da União (OGU)
- Programa Moradia Digna (Apoio à Urbanização de Assentamentos Precários)
- Habitar Brasil BID (HBB)
- Programa Brasileiro da Qualidade e Produtividade do Hábitat (PBQP-H)

- Programa de Subsídio à Habitação de Interesse Social (PSH)
- Projetos Prioritários de Investimentos (PPI) – intervenções em favelas

Fundo de Garantia por Tempo de Serviço (FGTS)
- Carta de Crédito Individual
- Carta de Crédito Associativo
- Programa de Atendimento Habitacional através do Poder Público (Pró-Moradia)
- Programa de Apoio à Produção de Habitações
- Programa Especial de Crédito Habitacional ao Cotista do Fundo de Garantia por Tempo de Serviço (Pró-Cotista)
- Programa de Financiamento de Material de Construção (Fimac)

Fundo de Arrendamento Residencial (FAR)
- Programa de Arrendamento Residencial (PAR)

Fundo de Desenvolvimento Social (FDS)
- Programa Crédito Solidário

Fundo de Amparo ao Trabalhador (FAT)
- Projetos Multissetoriais Integrados (PMI)

Com o lançamento do Programa de Aceleração de Crescimento (PAC) em 2007, o governo federal destinou recursos para a área habitacional por meio do eixo Infraestrutura Social e Urbana, especificamente para os projetos prioritários de investimentos (PPI), para intervenções em favelas.

Programa de Aceleração do Crescimento (PAC)

Lançado em 2007 pelo governo federal, o PAC 1 destinava-se a promover o crescimento econômico com programas de investimentos em infraestrutura em áreas como saneamento, habitação, transporte, energia e recursos hídricos, para um período previsto entre 2007-2010.

> O PAC 2 foi lançado em 2010 e previa recursos para transportes, energia, cultura, meio ambiente, saúde, área social e habitação.
>
> **Dica**: para obter mais informações sobre o PAC, consulte o *site* indicado a seguir:
> BRASIL. Ministério do Planejamento. **Sobre o PAC**. Disponível em: <http://www.pac.gov.br/>. Acesso em: 4 maio 2017.

Essa intervenção visava à regularização fundiária ou à realocação de famílias, as quais deviam estar assistidas pelo trabalho técnico social, que será examinado na próxima seção.

Outro programa habitacional desenvolvido pelo Ministério das Cidades é o Minha Casa Minha Vida (MCMV), o qual foi estabelecido por meio da Lei n. 11.977, de 7 de julho de 2009 (Brasil, 2009a), com o objetivo de incentivar a produção e a aquisição de novas unidades habitacionais, fomentando a economia com geração de emprego e renda e incremento no setor da construção civil. Esse programa foi alterado pela Lei n. 12.424, de 16 de junho de 2011, quando foram definidas modificações para sua segunda fase, ocorrida entre 2011 e 2014, acompanhando as ações do PAC 2.

O programa compreende dois subprogramas na legislação: o Programa Nacional de Habitação Urbana (PNHU) e o Programa Nacional de Habitação Rural (PNHR). Na sequência, foram apresentadas as modalidades MCMV Entidades e MCMV Abaixo de 50 mil, este último para as cidades com menos de 50 mil habitantes.

Na área urbana, o MCMV, conforme sua legislação, abrange quatro faixas de atendimento, as quais estão estruturadas conforme renda salarial. A faixa 1 atinge famílias de baixa renda, que podem ser atendidas nas modalidades MCMV Faixa 1 e MCMV Entidades, cadastrando-se em suas cidades nos órgãos públicos ou em entidades cadastradas. Para as faixas 1,5, 2 e 3, as famílias podem ser atendidas apenas pela modalidade MCMV Financiamento, devendo ir diretamente aos bancos públicos para fazer a solicitação.

O desenho adotado para os beneficiários da faixa 1 define até 90% de subsídio direto, e não o repasse pela lógica do fundo a fundo, com o monitoramento e o controle social de um conselho. Por isso, apesar de o programa atender às famílias de baixa renda com necessidades habitacionais, não estaria vinculado ao FNHIS, ocorrendo, portanto, uma perda de centralidade na política habitacional por meio do fundo (Cardoso; Aragão, 2013).

Como não ocorre o controle social pelos conselhos, há um desmonte da forma participativa por parte da representação não governamental e governamental que compõe o conselho. A falta de representação nas arenas decisórias do programa concede ao governo federal uma definição unilateral sobre suas regras.

A ênfase do programa passa a ser o mercado privado da construção que propõe e capta recursos para a construção de empreendimentos habitacionais. Para isso, adquire áreas nos municípios, elabora projetos, aprova-os junto à Caixa Econômica Federal e aos órgãos municipais e estaduais. Os governos municipais ficam com a responsabilidade executiva, realizando a seleção e a comercialização das unidades habitacionais para os receptores do programa, assim como a de aprovar os projetos construtivos nos setores responsáveis (Cardoso; Aragão, 2013).

Nesse programa, como em outros voltados para famílias de baixa e média renda salarial, o trabalho técnico social deve estar presente, compondo o orçamento global da obra. Portanto, deve ser executado por profissionais do município ou contratados para esse serviço.

3.5 A política de habitação e o trabalho técnico social

O trabalho social em habitação de interesse social esteve presente desde a implantação da Política Nacional de Habitação e Saneamento (PNHS) pelo BNH em 1968, vigorando até 1986, quando ocorreu a extinção do órgão. Suas ações eram realizadas nas Cohabs por meio de um recurso denominado Taxa de Apoio Comunitário (TAC), criada em 1973 com a finalidade de manutenção dos conjuntos habitacionais ou equipamentos públicos ou para pagamento de assistente social que executasse um plano de serviços nesse espaço. O valor da taxa era embutido no preço da habitação pago pelo mutuário (Paz; Taboada, 2010).

Conforme as autoras citadas, as atividades desenvolvidas por assistentes sociais eram mais administrativas, como a seleção da demanda, o acompanhamento da adimplência e a organização comunitária com a constituição de Associação de Moradores.

Outro órgão no qual assistentes sociais marcaram presença foram as Cooperativas Habitacionais (Inocoops), criadas em 1966, que atuaram em várias regiões do país. Essas cooperativas construíam habitações de baixo custo para famílias que tinham trabalhadores sindicalizados e contribuintes do FGTS. Segundo Paz e Taboada (2010, p. 46), foi realizado, em 1972, o 1º Encontro dos Inocoops, no qual ficou definido que o órgão deveria dar o suporte para assistentes sociais. A partir daí, estruturaram-se equipes e foi criado, em 1975, o Subprograma de Desenvolvimento Comunitário (Sudec), que institucionalizou o trabalho social em nível nacional. Assim, o trabalho social passou a ser uma exigência nos programas habitacionais das companhias e cooperativas habitacionais.

Nesse período, o trabalho social passou a ter uma atuação menos administrativa e burocrática, passando a incorporar em suas ações orientações sobre cidadania para que o mutuário assumisse com clareza seus direitos e deveres para com a propriedade. Também começou a ser discutida a importância de sua participação na integração com a comunidade. Conforme Paz e Taboada (2010, p. 47):

> Em geral, apesar do período repressivo e do cerceamento de atividades organizativas, as programações de trabalho social objetivavam a discussão dos direitos e deveres dos cidadãos que adquiriam uma unidade habitacional, o acompanhamento da construção dos conjuntos habitacionais, a preparação para mudança, o apoio na organização da nova comunidade, a capacitação para viver em condomínio, no caso de construções verticalizadas, o apoio a organização e ao acompanhamento de grupos de interesses específicos (crianças, jovens, mulheres), a contribuição à constituição de associações de moradores, à discussão do uso e manutenção do equipamento comunitário e à integração da comunidade entre si e com o entorno.

Na década de 1980, ocorreu a organização de movimentos sociais que reivindicavam, entre outros pontos, a melhoria nos serviços urbanos e o direito à moradia e usavam estratégias para ocupar terrenos ociosos. As equipes técnicas envolvidas nos projetos habitacionais, formadas por assistentes sociais, urbanistas, arquitetos, psicólogos, economistas, passaram a atuar com as reivindicações e com a organização popular, opondo-se ao modelo de remoção, no qual as famílias eram deslocadas para áreas muito distantes. Defendiam a regularização, mas ampliaram seu foco para as temáticas ambientais e de geração de trabalho e renda, pois consideravam que, ao se promoverem alterações urbanísticas, também aumentavam os gastos sociais das famílias, que, portanto, precisavam de estímulos para permanecer na unidade habitacional (Paz; Taboada, 2010).

Esse percurso demonstra que, historicamente, nem sempre o trabalho social teve relevância nos programas habitacionais, porém, na década de 1980, começou a ter destaque, com a ampliação de suas temáticas de atuação e com uma preocupação incipiente com o meio ambiente e a geração de trabalho e renda.

Para amparar os projetos sociais, foi instituído o Programa de Desenvolvimento Comunitário (Prodec), em 1980, um valor embutido nos projetos para implementação dos empreendimentos gestados pelas companhias de habitação e aprovados e monitorados pelo BNH. Mesmo após a extinção do órgão, esse recurso foi mantido até 1991 pela Caixa Econômica Federal, banco oficial que sucedeu o BNH na administração dos recursos habitacionais.

Conforme Paz e Taboada (2010) entre os anos de 1987 e 1998, não houve nenhuma nova diretriz para o trabalho social em nível federal. Somente em 1994, com o Programa Habitar, o trabalho técnico social voltou a ser uma exigência nos empreendimentos habitacionais, porém como contrapartida municipal. Esse critério permaneceu nos programas com recursos do Programa Habitar Brasil BID (Banco Interamericano de Desenvolvimento), a partir de 1999.

Os projetos dos empreendimentos habitacionais deveriam integrar as intervenções físicas (de engenharia, de arquitetura etc.) e as intervenções sociais (de serviço social). Essa experiência no Programa Habitar Brasil BID foi muito importante, pois demostrou a eficácia dos projetos integrados e passou a ser exigência nos projetos subsequentes.

A avaliação favorável da experiência conduziu o Ministério das Cidades a inserir o trabalho social na PNH, o qual passou a ser parte obrigatória dos projetos de intervenção habitacional em correlação com o trabalho técnico de engenharia: as duas áreas realizam projetos de captação de recursos para o município que, após aprovados, são executados.

O trabalho técnico social é um componente obrigatório dos projetos construtivos com recursos federais, representando um percentual do financiamento dos recursos totais de uma obra previstos nas normativas legais dos programas. Sem a apresentação do projeto do trabalho técnico social no projeto da obra, não ocorre a liberação de recursos para o empreendimento.

Trata-se de uma atividade essencial a ser realizada com as famílias receptoras pelos programas habitacionais. Envolve diversas ações de forma processual em diferentes fases ou momentos da intervenção, isto é, período pré-obras, de obras, de pós-ocupação e quando ocorrem ações que continuam por determinado período após a mudança dos moradores e moradoras.

3.5.1 Normatizações e diretrizes do trabalho técnico social

Os projetos do trabalho técnico social em habitação de interesse social são um elemento fundamental para o acesso à política. Caracteriza-se por um conjunto de ações de perspectiva socioeducativa e pautado nos valores dos princípios do código de ética profissional da área, com base na liberdade, na democracia, na cidadania, na justiça e na igualdade social (CFESS, 2011).

Esse compromisso valorativo dá um norte para as ações na busca pela melhoria de vida das pessoas, pela defesa dos direitos sociais, pelo acesso à cidade e a seus serviços e pelo fomento à participação e organização da população em instâncias reivindicativas.

É importante ressaltar que a perspectiva socioeducativa caracteriza-se pela lógica do fomento ao desenvolvimento crítico sobre todas as instâncias que perpassam o contexto vivido pelos sujeitos individual e coletivamente.

O Ministério das Cidades tem apresentado diretrizes e normativas para o trabalho técnico social. A Instrução Normativa n. 8, de 26 de março 2009 (IN 8/2009), regulamentou as diretrizes do trabalho social e apresentou a concepção do trabalho, com seus objetivos e diretrizes principais, a metodologia de desenvolvimento ao longo de suas fases, os temas e os conteúdos principais, os itens constitutivos para a elaboração de projetos de trabalho social e ainda indicou os elementos para o monitoramento e a avaliação dos projetos e/ou programas.

A IN 8/2009 é subdivida em dois anexos: em seu Anexo I, estabelece o trabalho social junto aos programas e projetos de intervenções para a **provisão habitacional**, o qual deve ser iniciado na fase de obras; o Anexo II, destinado aos projetos de intervenções em urbanizações de assentamentos precários, apresenta as diretrizes específicas para o **remanejamento** e o **reassentamento** de famílias.

Para essas duas formas de atuação previstas, provisão ou remanejamento, a concepção de trabalho social nessa normativa é descrita como:

> O Trabalho Social na urbanização de assentamentos precários ou de favelas é um conjunto de ações que visa promover a autonomia, o protagonismo social e o desenvolvimento da população beneficiária, de forma a favorecer a sustentabilidade do empreendimento, mediante a abordagem dos seguintes temas: mobilização e organização comunitária, educação sanitária e ambiental e geração de trabalho e renda. (Brasil, 2009b, p. 3)

Segundo a IN 8/2009, assistentes sociais devem elaborar o projeto seguindo três eixos norteadores: mobilização e organização comunitária; educação ambiental e sanitária; e geração de trabalho e renda. O projeto social deve contemplar esses eixos em todas as fases – antes, durante e após as obras.

O conjunto de objetivos da normativa reforça a compreensão sobre o trabalho social como componente fundamental para a política habitacional e urbana, na medida em que estimula o exercício da participação da população receptora do empreendimento e de seu protagonismo social.

As diretrizes são instruções e indicações que orientam as intervenções e devem ser levadas em consideração na elaboração e no desenvolvimento dos projetos sociais.

A diretriz central condutora do trabalho social é: "a participação da comunidade deve ser entendida como um processo pedagógico de construção de cidadania e um direito do cidadão" (Brasil, 2009b, p. 4). Essa diretriz se desdobra em três habilidades: promover a capacitação dos moradores, por meio de suas organizações representativas, para a autonomia na gestão democrática dos processos implantados; viabilizar o processo permanente e constante de informação da população sobre o desenvolvimento do projeto físico; promover parcerias para o atendimento das necessidades dos beneficiários e para a implantação das políticas sociais na área de intervenção, contribuindo para o acesso das famílias a serviços de educação, saúde, esporte, lazer, cultura, assistência social, segurança alimentar e segurança pública, entre outros (Brasil, 2009b, p. 4).

Têm destaque nessas diretrizes as questões da participação, da capacitação dos moradores, da informação, da organização, das parcerias e da intersetorialidade. Portanto, é previsto o trabalho intersetorial com equipes integradas ao projeto para que se possa convergir na integração de diversos setores para a consecução das ações públicas, buscando-se a superação de práticas fragmentadas e a eficiência para atingir os objetivos e os resultados pretendidos.

No ano de 2010, o Ministério das Cidades aprovou a Portaria n. 93, que estabeleceu normas de atuação para o Programa de Arrendamento Residencial (PAR) e o Programa MCMV, definindo também os objetivos e as diretrizes do trabalho técnico social para esses programas.

Nessa portaria, o trabalho técnico social apresenta as seguintes diretrizes:

   a. divulgação de informações sobre o Programa;
   b. estímulo à organização comunitária visando à autonomia na gestão democrática dos processos implantados;
   c. discussão, planejamento e implantação de gestão condominial; e
   d. disseminação de conceitos de educação patrimonial e educação ambiental, que internalizados pelos beneficiários favoreçam a correta ocupação e manutenção dos imóveis e dos espaços comuns. (Brasil, 2010)

O foco dessas diretrizes está mais centrado no repasse de informações, na organização comunitária, na gestão de condomínio e na educação patrimonial e ambiental.

Em 2014, o Ministério das cidades aprovou a Portaria n. 21, que apresenta o *Manual de instruções do trabalho social nos programas e ações do ministério das cidades*, com normas e orientações para elaboração, contratação e execução do trabalho social nas intervenções de habitação e saneamento objetos de operações de repasse ou financiamento firmadas com o setor público ou privado, nos projetos do PAC que envolvam deslocamento, bem como naqueles executadas no âmbito do programa MCMV em todas as suas modalidades.

> **Normativas do trabalho técnico social**
>
> Para obter mais informações sobre as normativas referentes ao trabalho técnico social, consulte a Portaria n. 21/2014 do Ministério das Cidades.
>
> BRASIL. Ministério das Cidades. Secretaria Nacional de Habitação. Portaria n. 21, de 22 de janeiro de 2014. **Diário Oficial da União**, Brasília, DF, 23 jan. 2014. Disponível em: <http://www.cidades.gov.br/images/stories/ArquivosSNH/ArquivosPDF/Portarias/2014/portaria_21_2014_trabalho_social.pdf>. Acesso em: 5 maio 2017.

Portanto, a Portaria n. 21/2014 refere-se ao trabalho técnico social para duas áreas: habitação e saneamento. Define o conceito tendo como base um conjunto de ações que envolve o diagnóstico e a intervenção com a finalidade de melhorar a qualidade de vida dos receptores dos empreendimentos habitacionais.

> Compreende um conjunto de estratégias, processos e ações, realizado a partir de estudos diagnósticos integrados e participativos do território, compreendendo as dimensões: social, econômica, produtiva, ambiental e político-institucional do território e da população beneficiária, além das características da intervenção, visando promover o exercício da participação e a inserção social dessas famílias, em articulação com as demais políticas públicas, contribuindo para a melhoria da sua qualidade de vida e para a sustentabilidade dos bens, equipamentos e serviços implantados. (Brasil, 2014b, p. 5)

A concepção de trabalho técnico social nessa portaria amplia os eixos de atuação, bem como considera a necessidade de intersetorialidade entre as políticas públicas. O trabalho técnico social, que anteriormente era regido por três eixos norteadores, passou a ter quatro eixos, sendo:

1. mobilização, organização e fortalecimento social;
2. acompanhamento e gestão social da intervenção;
3. educação ambiental e patrimonial;
4. desenvolvimento socioeconômico.

Esses eixos foram ampliados em sua cobertura de atuação e modificados em sua nomenclatura. O primeiro eixo, **mobilização, organização e fortalecimento social**, anteriormente denominado mobilização e organização comunitária por outras normativas e portarias, objetiva que o trabalho técnico social se paute em:

> processos de informação, mobilização, organização e capacitação da população beneficiária visando promover a autonomia e o protagonismo social, bem como o fortalecimento das organizações existentes no território, a constituição e a formalização de novas representações e novos canais de participação e controle social. (Brasil, 2014b, p. 9)

O foco desse eixo é mais amplo, pois não se refere só à organização comunitária – engloba também o incentivo à participação em todas as formas e instâncias, como as que envolvem a perspectiva do controle social.

O segundo eixo, **acompanhamento e gestão social da intervenção**, não era anteriormente previsto como um eixo em outras normativas e engloba:

> promover a gestão das ações sociais necessárias para a consecução da intervenção, incluindo o acompanhamento, a negociação e interferências ocorridas ao longo da sua execução, bem como preparar e acompanhar a comunidade para compreensão desta, de modo a minimizar os aspectos negativos vivenciados pelos beneficiários e evidenciar os ganhos ocasionados ao longo do processo, contribuindo para sua implementação. (Brasil, 2014b, p. 9)

Esse eixo tem por objetivo propor ações durante todas as fases do empreendimento – pré-contratação, pré-obras, obras e pós-ocupação –, fornecendo subsídios e trabalhando com os receptores os impactos positivos e negativos da intervenção.

O terceiro eixo, **educação ambiental e patrimonial**, anteriormente definido como *educação ambiental e sanitária*, amplia também seu foco, pois acrescenta a educação patrimonial e retira o termo *sanitária*, visto que a educação sanitária faz parte da ambiental. A alteração, porém, é discutível, uma vez que a educação patrimonial pode também ser considerada ambiental. Isso demonstra uma ampliação para a lógica da propriedade privada. O objetivo desse eixo é definido da seguinte forma:

> visa promover mudanças de atitude em relação ao meio ambiente, ao patrimônio e à vida saudável, fortalecendo a percepção crítica da população sobre os aspectos que influenciam sua qualidade de vida, além de refletir sobre os fatores sociais, políticos, culturais e econômicos que determinam sua realidade, tornando possível alcançar a sustentabilidade ambiental e social da intervenção. (Brasil, 2014, p. 9)

O quarto eixo, **desenvolvimento socioeconômico**, também teve alteração em sua nomenclatura, que anteriormente era *geração de trabalho e renda*. Assim é descrito seu propósito:

> objetiva a articulação de políticas públicas, o apoio e a implementação de iniciativas de geração de trabalho e renda, visando à inclusão produtiva, econômica e social, de forma a promover o incremento da renda familiar e a melhoria da qualidade de vida da população, fomentando condições para um processo de desenvolvimento socioterritorial de médio e longo prazo. (Brasil, 2014b, p. 9)

Esse eixo especifica de que forma a geração de trabalho e renda deve ser concebida: voltada para uma lógica temporal para fins de estimular o desenvolvimento produtivo do receptor do programa e do seu território econômica e socialmente.

As normativas e portarias apresentadas neste item trazem diretrizes, eixos e objetivos que orientam como o trabalho técnico social deve ser executado. Isso representa um avanço para as ações das equipes, pois respalda com informações a elaboração e a implementação de seus projetos de intervenção conforme a realidade socioeconômica e cultural da população e as características da área de intervenção.

Assistentes sociais, ao construírem seu projeto, consideram as normativas do trabalho técnico social, os objetivos e normas do programa, o perfil da população, as características dos territórios, os recursos disponíveis e a intersetorialidade com os demais componentes do projeto de intervenção.

Todos esses elementos dão sustentabilidade à implementação dos projetos, entendidos como um processo técnico-político, pois apresentam uma intencionalidade e uma instrumentalidade, que se concretiza na sua execução.

O trabalho técnico social nos programas conduz a ações planejadas para determinado período de tempo e de acordo com eixos definidos nas portarias. Essas normativas são importantes para a garantia dos direitos, mas referem-se a ações que devem ser avaliadas para verificação de sua efetividade.

Síntese

O planejamento e a implementação das ações em um projeto habitacional caracterizam o direito à moradia ou o acesso à habitação. Como discutido na primeira seção deste capítulo, *moradia* engloba *habitação*, porém, por mais que se utilize o termo *habitação* na denominação da política, deve-se ter clara a distinção entre esses conceitos, pois a atuação profissional refletirá a concepção adotada.

O acesso ao direito social da moradia está explicitado na Constituição Federal de 1988 é concebido de forma adjetivada, ou seja, moradia *adequada*, em documentos e tratados internacionais – como a Declaração Universal dos Direitos Humanos, de 1948, o Pacto Internacional dos Direitos Econômicos, Sociais e Culturais, de 1966, a Declaração de Istambul sobre Assentamentos Humanos e a Agenda Habitat II, de 1996. Essa concepção demonstra serem considerados não só os aspectos físicos da casa e da infraestrutura, mas também as pessoas que vão ali morar em suas características locais e culturais.

Outro ponto sobre o qual é preciso refletir são os conceitos de *espaço* e *território*, trabalhados no primeiro capítulo. Os empreendimentos vão ampliar e modificar o espaço local, mas as pessoas vão viver em um território, ou seja, farão uso desse local e darão a ele uma utilidade – será o *locus* onde se expressam as relações e as disputas conforme seus interesses, será o "chão" de materialização das políticas públicas (Koga, 2001).

Também foram apresentados historicamente elementos presentes na trajetória da política habitacional brasileira até os programas gestados pelo Ministério das Cidades e, dessa forma, como o sistema e a política habitacional são operacionalizados. Outro ponto abordado no capítulo foi o modo como se expressam as necessidades habitacionais brasileiras por meio dos indicadores de déficit e inadequação habitacional, os quais são fundamentais para distinguir as características locais.

Na última seção do capítulo, foram examinadas as normatizações e diretrizes do trabalho técnico social, as quais devem ser observadas tanto na captação de recursos quanto no desenvolvimento de projetos para programas a serem implementados no minicípio.

Para saber mais

Ao longo do capítulo foram apresentadas algumas dicas de sites e documentos que podem auxiliar na ampliação do conhecimento sobre o assunto. Também recomendamos, além da bibliografia citada no capítulo, alguns autores que refletem sobre a política habitacional brasileira, como: Nabil Bonduki, Raquel Rolnik, Adauto Lúcio Cardoso e Lúcia Shimbo.

Questões para revisão

1. Diferencie as características conceituais de *habitação* e de *moradia*.

2. Com base na retrospectiva histórica da política de habitação e nas legislações atuais, indique, por meio de uma tabela, os fatos históricos marcantes dessa política e do trabalho social no Brasil.

Obs.: Em algumas décadas, não é possível distinguir um marco legal ou um órgão representativo, apenas uma ação governamental.

Década	Marco legal ou órgão de atuação	Ação
Década de 1920		
Década de 1930		
Década de 1940		
Década de 1950		
Década de 1960		
Década de 1980		
Década de 1990		

Década de 2000	Lei ou órgão criado	Objetivo
Ano 2000		
Ano 2001		
Ano 2003		
Ano 2004		
Ano 2004		
Ano 2005		
Ano 2009		
Ano 2009		
Ano 2009		
Ano 2010		
Ano 2014		

3. De acordo com a legislação referente à política habitacional, assinale (V) para as proposições verdadeiras e (F) para as falsas:
   ( ) Em 2000, o direito à moradia foi constitucionalmente definido por meio da Emenda Constitucional n. 26.
   ( ) O Estatuto da Cidade foi instituído em 2001 e regulamentou os arts. 182 e 183 sobre política urbana na Constituição.

( ) A criação do Ministério das Cidades em 2003 teve como uma de suas finalidades congregar as políticas setoriais de habitação, saneamento ambiental, transporte e trânsito.
( ) A Lei n. 11.124/2005, referente à política habitacional de interesse social, tem como foco a população de renda alta
( ) Os princípios da Lei n. 11.124/2005 são: pactuação federativa, descentralização, participação da sociedade e controle social.

A ordem correta de preenchimento, de cima para baixo, é:
a) F, V, V, F, V.
b) V, V, V, F, F.
c) V, V, V, F, V.
d) F, F, V, F, F.
e) V, V, F, F, F.

4. As necessidades habitacionais no Brasil são calculadas, segundo a Fundação João Pinheiro, com base em duas vertentes de análise: déficit habitacional e inadequação de domicílios. Complete adequadamente a frase:

O déficit habitacional é calculado pela Fundação João Pinheiro com base na soma de quatro componentes: _____, _____, _____ e _____.
O conceito de déficit indica a necessidade de _____ para atender à demanda habitacional da população em dado momento.

a) domicílios com carência de infraestrutura/adensamento excessivo de moradores em domicílios próprios/problemas de natureza fundiária/cobertura inadequada/políticas complementares
b) habitação precária/coabitação familiar/unidade sanitária domiciliar exclusiva ausente/cobertura inadequada/políticas singulares
c) domicílios com carência de infraestrutura/adensamento excessivo de moradores/falta de sanitário/ônus excessivo com aluguel urbano/reformar os imóveis

d) habitação precária/coabitação familiar/ônus excessivo com aluguel urbano/adensamento excessivo de domicílios alugados/construção de novas moradias
e) políticas singulares/habitação precária/coabitação familiar/unidade sanitária domiciliar exclusiva ausente/cobertura inadequada

5. De acordo com o que foi abordado no capítulo, complete adequadamente o trecho a seguir com os itens relacionados na sequência.

A inadequação habitacional, segundo a Fundação João Pinheiro, tem como base cinco componentes: _____, _____, _____, _____ e _____. A inadequação de domicílios está relacionada às especificidades dos domicílios que prejudicam a qualidade de vida de seus moradores. No caso da inadequação de moradia, uma das formas de enfrentar o problema habitacional é implementar _____ às políticas habitacionais.

I) problemas de natureza fundiária
II) adensamento excessivo de moradores em domicílios próprios
III) políticas complementares
IV) domicílios com carência de infraestrutura
V) unidade sanitária domiciliar exclusiva ausente ou em alto grau de depreciação
VI) cobertura inadequada

A ordem correta dos itens para completar adequadamente o trecho é:
a) III, II, VI, I, V, IV.
b) IV, II, I, VI, V, III.
c) IV, II, VI, III, V, I.
d) II, III, I, IV, V, VI.
e) III, VI, V, I, II, IV.

6. Pesquise nos documentos atuais da Fundação João Pinheiro os componentes do déficit e da inadequação habitacional da região e do estado a que você pertence.

   1) Déficit habitacional

   Região _____ Estado _____ Ano _____

Déficit habitacional	Total	Urbano	Rural	Total relativo
Região				
Estado				

Déficit habitacional por faixa de renda	Até 3 salários mínimos	De três a cinco salários mínimos	De 5 a 10 salários mínimos	Mais de 10 salários mínimos
Região				
Estado				

Por componente do déficit	Habitação precária	Coabitação familiar	Ônus excessivo com aluguel urbano	Adensamento excessivo de domicílios alugados
Região				
Estado				

   2) Inadequação por moradia

   Região _____ Estado _____ Ano _____

Por critérios da inadequação	Inadequação fundiária	Domicílio sem banheiro	Carência de infraestrutura	Adensamento excessivo	Cobertura inadequada
Região					
Estado					

Questões para reflexão

1. Reflita sobre os dados da questão 6 da seção anterior e planeje quais ações seriam as mais adequadas para enfrentar a problemática apresentada. Mas, antes de realizar essa atividade, você deve:
    - ter uma visão geral dos problemas com base nos indicadores coletados;
    - analisar os problemas mais proeminentes;
    - definir ações para o déficit e para a inadequação de moradias.

2. Considerando os eixos previstos na Portaria n. 21/2014 que respaldam o trabalho técnico social, elabore objetivos que poderiam ser planejados para um conjunto habitacional em um município. São quatro eixos:
    1. mobilização, organização e fortalecimento social;
    2. acompanhamento e gestão social da intervenção;
    3. educação ambiental e patrimonial;
    4. desenvolvimento socioeconômico.

Estudo de caso

Política urbana

Para a implantação dos planos diretores municipais participativos, foram realizadas capacitações e, posteriormente, levantamentos avaliativos por meio da Rede Nacional de Avaliação e Capacitação para Implementação de Planos Diretores Participativos, um projeto em parceria com a Universidade Federal do Rio de Janeiro (UFRJ), por meio do Instituto de Pesquisa e Planejamento Urbano e Regional (IPPUR). Pesquisadores de todo o país especializados na temática da política urbana trabalharam para construir um panorama avaliativo do planejamento urbano no Brasil. O documento produzido apresenta informações sobre as áreas habitacional, de saneamento básico, ambiental, de mobilidade urbana, de metropolização e do sistema de gestão e participação democrática no cenário nacional.

Para acessar informações sobre o assunto e analisar a realidade brasileira, consulte o documento produzido no endereço indicado a seguir.

SANTOS JUNIOR, O. A. dos; TODTMANN, M. (Org.). **Os planos diretores municipais pós-Estatuto da Cidade**: balanço crítico e perspectivas. Rio de Janeiro: Letra Capital; Observatório das Metrópoles/Ippur/UFRJ, 2011. Disponível em: <http://www.observatoriodasmetropoles.net/download/miolo_plano_diretor.pdf>. Acesso em: 5 maio 2017.

Para concluir...

A dinâmica social urbana se expressa nas diferentes formas de estruturação socioespacial. A produção e a reprodução do espaço permitem identificar como a humanidade, no transcorrer da história, foi definindo formas espaciais por meio de suas relações, as quais estão mediadas pelo modo de produção em que se encontram inseridas. Examinar as relações espaciais na sociedade é essencial para a análise e para a implementação de políticas públicas relacionadas à habitação e à cidade.

As cidades vão se constituindo nessa dinâmica e, no caso brasileiro, exprimem características de diversidade e desigualdade que se refletem na questão habitacional. Por isso, analisar como a população tenta resolver seu problema habitacional possibilita refletir sobre os fatores que são engendrados no espaço urbano e as contradições que o perpassam.

As questões habitacional e urbana referem-se tanto aos processos de construção da cidade e, portanto, às diferentes escolhas políticas e econômicas que determinam as configurações do espaço, quanto às condições de vida urbana e aos aspectos culturais que corroboram os modos de vida e as relações entre as classes sociais.

Assim, a definição coletiva do que seria a cidade almejada está ligada ao conhecimento da realidade em seus diferentes aspectos. Nesse contexto, a função social da propriedade e da cidade na gestão pública ganha relevância, assim como a gestão democrática, garantindo a legitimidade da participação da sociedade civil diante da política urbana.

Os direitos à cidade e à moradia são definidos legalmente e expressam características específicas. Possuir uma moradia suplanta o conceito de habitação, passa pelas condições de habitabilidade, pelo acesso aos serviços de infraestrutura e equipamentos públicos no entorno da moradia, pela consideração às características culturais da sociedade. Já o direito à cidade passa pela lógica do direito coletivo, pois se relaciona com o exercício de um poder coletivo para reconfigurar os processos de urbanização com acesso ao uso igualitário dos recursos naturais, econômicos, culturais e construídos da cidade.

A política urbana congrega políticas setoriais, como as de habitação, saneamento e transporte, que são políticas não reguladas constitucionalmente. Portanto, tanto em termos de planejamento como na implementação, essas políticas são geridas pelo município, mas têm diretrizes nacionais definidas pelo governo central por meio de seus mecanismos de decisão. Essa divisão de competências intergovernamental destaca os governos locais diante do desenvolvimento urbano, porém a coordenação, a regulação e a supervisão dos programas com recursos federais ficam sob responsabilidade do governo central, ou seja, a União, o que caracteriza uma autonomia regulada.

Referências

AMORIM FILHO, O.; SERRA, R. V. Evolução e perspectivas do papel das cidades médias no planejamento urbano e regional. In: ANDRADE, T. A.; SERRA, R. V. (Org.). **Cidades médias brasileiras**. Rio de Janeiro: Ipea, 2001. p. 1-34.

ANTONELLO, I. T. Potencialidade do planejamento participativo no Brasil. **Sociedade e Natureza**, Uberlândia, v. 25, n. 2, p. 239-254, maio/ago. 2013.

ARRETCHE, M. (Coord.). **Capacidades administrativas dos municípios brasileiros para a política habitacional**. Brasília: Ministério das Cidades/Secretaria Nacional de Habitação, 2012.

ARRETCHE, M. Dossiê agenda de pesquisa em políticas públicas. **Revista Brasileira de Ciências Sociais**, v. 18, n. 51, p. 7-9, fev. 2003.

_____. Federalismo e democracia no Brasil a visão da ciência política norte-americana. **São Paulo em Perspectiva**, São Paulo, v. 15, n. 4, out./dez. 2001.

ARRETCHE, M. Federalismo e igualdade territorial: uma contradição em termos? **Dados: Revista de Ciências Sociais**, Rio de Janeiro, v. 53, n. 3, p. 587-620, 2010.

_____. Federalismo e políticas sociais no Brasil: problemas de coordenação e autonomia. **São Paulo em Perspectiva**, São Paulo, v. 18, n. 2, p. 17-26, 2004.

AZEVEDO, S. de. A trajetória dos programas alternativos de habitação popular no Brasil. **RAM: Revista de Administração Municipal**, Rio de Janeiro, v. 195, ano 37, abr./jun. 1990.

BACHRACH, P.; BARATZ, M. S. Duas faces do poder. **Revista de Sociologia e Política**, v. 19, n. 40, p. 149-157, 2011.

_____. **Power and Poverty**: Theory and Practice. Oxford: Oxford University Press, 1970.

BONDUKI, N. G. **Origens da habitação social no Brasil**: arquitetura moderna, lei do inquilinato e difusão da casa própria. 5. ed. São Paulo: Estação Liberdade, 2011.

BONDUKI, N. G.; ROSSETTO, R. Política e Sistema Nacional de Habitação de Interesse Social. In: DENALDI, R. (Org.). **Ações integradas de urbanização e assentamentos precários**. Curso a distância. Brasília: Ministério das Cidades, 2009. p. 41-74.

BOSCHETTI, I.; BEHRING, E. R. **Política social**: fundamentos e história. São Paulo: Cortez, 2006. (Biblioteca Básica de Serviço Social, v. 2).

BRASIL. Constituição (1988). **Diário Oficial da União**, Brasília, DF, 5 out. 1988. Disponível em: <http://www.planalto.gov.br/ccivil_03/Constituicao/Constituicao.htm>. Acesso em: 5 maio 2017.

_____. Decreto-Lei n. 311, de 2 de março de 1938. **Diário Oficial da União**, Poder Executivo, Rio de Janeiro, 7 mar. 1938. Disponível em: <http://www2.camara.leg.br/legin/fed/declei/1930-1939/decreto-lei-311-2-marco-1938-351501-norma-pe.html>. Acesso em: 5 maio 2017.

_____. Lei n. 10.257, de 10 de julho de 2001. **Diário Oficial da União**, Poder Legislativo, Brasília, DF, 11 jul. 2001. Disponível em: <http://www.planalto.gov.br/ccivil_03/leis/LEIS_2001/L10257.htm>. Acesso em: 5 maio 2017.

BRASIL. Lei n. 10.683, de 28 de maio de 2003. **Diário Oficial da União**, Poder Executivo, Brasília, DF, 29 maio 2003. Disponível em: <http://www.planalto.gov.br/ccivil_03/leis/2003/l10.683.htm>. Acesso em: 29 set. 2016.

_____. Lei n. 11.124, de 16 de junho de 2005. **Diário Oficial da União**, iniciativa popular, Brasília, DF, 17 jun. 2005. Disponível em: <http://www.planalto.gov.br/ccivil_03/_ato2004-2006/2005/lei/l11124.htm>. Acesso em: 29 set. 2016.

_____. Lei n. 11.977, de 7 de julho de 2009. **Diário Oficial da União**, Poder Executivo, 8 jul. 2009a. Disponível em: <http://www.planalto.gov.br/ccivil_03/_ato2007-2010/2009/lei/l11977.htm>. Acesso em: 30 set. 2009.

BRASIL. Ministério das Cidades. **Conselho das Cidades**. 30 out. 2014a. Disponível em: <http://www.cidades.gov.br/conselho-das-cidades>. Acesso em: 5 maio 2017.

_____. **O Ministério**. 3 jul. 2015. Disponível em: <http://www.cidades.gov.br/index.php/institucional/o-ministerio>. Acesso em: 7 set. 2016.

_____. **Plano Diretor Participativo**: guia para elaboração pelos municípios e cidadãos. Brasília, 2004a. Disponível em: <http://bibspi.planejamento.gov.br/handle/iditem/181>. Acesso em: 7 set. 2016.

_____. **Política Nacional de Habitação**. Brasília, 2004b. Disponível em: <http://www.cidades.gov.br/images/stories/ArquivosSNH/ArquivosPDF/4PoliticaNacionalHabitacao.pdf>. Acesso em: 5 maio 2017.

_____. **Programas e ações**. 12 jan 2017. Disponível em: <http://www.cidades.gov.br/habitacao-cidades/progrmas-e-acoes-snh>. Acesso em: 5 maio 2017.

BRASIL. Ministério das Cidades. Secretaria Nacional de Habitação. Instrução Normativa n. 8, de 26 de março de 2009. **Diário Oficial da União**, Brasília, DF, 7 abr. 2009b. Disponível em: <http://www.consultaesic.cgu.gov.br/busca/dados/Lists/Pedido/Attachments/513297/RESPOSTA_PEDIDO_IN%208,%20de%2026.03.09.pdf>. Acesso em: 5 maio 2017.

BRASIL. Ministério das Cidades. Secretaria Nacional de Habitação. Portaria n. 93, de 24 de fevereiro de 2010. **Diário Oficial da União**, Brasília, DF, 25 fev. 2010. Disponível em: <http://www.ekosbrasil.org/media/file/Portaria%209324%20%2024_02_10.pdf>. Acesso em: 5 maio 2017.

_____. Portaria n. 21, de 22 de janeiro de 2014. **Diário Oficial da União**, Brasília, DF, 23 jan. 2014b. Disponível em: <http://www.cidades.gov.br/images/stories/ArquivosSNH/ArquivosPDF/Portarias/2014/portaria_21_2014_trabalho_social.pdf>. Acesso em: 5 maio 2017.

CARDOSO, A. L.; ARAGÃO, T. A. Do fim do BNH ao Programa Minha Casa Minha Vida: 25 anos da política habitacional no Brasil. In: CARDOSO, A. L. (Org.). **O programa Minha Casa Minha Vida e seus efeitos territoriais**. Rio de Janeiro: Letra Capital, 2013. p. 17-66.

CASTEL, R. **As metamorfoses da questão social**: uma crônica do salário. Petrópolis: Vozes, 1998.

CASTELLS, M. **A questão urbana**. Rio de Janeiro: Paz e Terra, 2000.

CFESS – Conselho Federal de Serviço Social. **Código de Ética do/a Assistente Social**. 9. ed. rev. e atual. Brasília, 2011.

CODATO, A. Poulantzas, o Estado e a revolução. **Crítica Marxista**, São Paulo, n. 27, p. 65-85, 2008.

CODATO, A.; PERISSINOTTO, R. O Estado como instituição: uma leitura das "obras históricas" de Marx. **Crítica Marxista**, São Paulo, n. 13, p. 9-28, out. 2001.

CORRÊA, R. L. **O espaço urbano**. 4. ed. São Paulo: Ática, 2000.

_____. Sobre agentes sociais, escala e produção do espaço: um texto para discussão. In: CARLOS, A. F. A.; SOUZA, M. L. de; SPOSITO, M. E. B. (Org.). **A produção do espaço urbano**: agentes e processos, escalas e desafios. São Paulo: Contexto, 2014. p. 41-51.

DAHL, R. **Análise política moderna**. Brasília: Ed. da UnB, 1981.

_____. **Poliarquia**: participação e oposição. São Paulo: Edusp, 1997.

DOWNS, A. **Uma teoria econômica da democracia**. São Paulo: Edusp, 1999.

DRAIBE, S. M. As políticas de combate à pobreza na América Latina. **São Paulo em Perspectiva**, São Paulo, v. 4, n. 2, p. 18-24, 1990.

_____. Estado de bem-estar, desenvolvimento econômico e cidadania: algumas lições da literatura contemporânea. In: HOCHMAN, G.; ARRETCHE, M.; MARQUES, E. (Org.). **Políticas públicas no Brasil**. Rio de Janeiro: Fiocruz, 2007. p. 27-64.

DUARTE, F. **Planejamento urbano**. Curitiba: Ibpex, 2007.

DYE, T. D. **Understanding Public Policy**. Englewood Cliffs: Prentice-Hall, 1984.

EASTON, D. **The Political System**. New York: Willey, 1953.

ENGELS, F. **A questão da habitação**. Belo Horizonte: Aldeia Global, 1979. (Coleção Fundamentos, n. 10).

_____. Carta a Bloch, 21/9/1890. In: MARX, K; ENGELS, F. **Obras escogidas de Marx y Engels**. Madrid: Fundamentos, 1975. 2 v.

ESPING-ANDERSEN, G. As três economias políticas do "Welfare State". **Lua Nova**, São Paulo, n. 24, p. 85-116, 1991.

FREY, K.; DUARTE, F. Auto segregação e a gestão das cidades. **Ciências Sociais em Perspectiva**, v. 5, n. 9, p. 109-119, 2006.

FUNDAÇÃO JOÃO PINHEIRO. Centro de Estatística e Informações. **Déficit habitacional no Brasil 2011-2012**. Belo Horizonte, 2015. Disponível em: <http://www.fjp.mg.gov.br/index.php/docman/cei/559-deficit-habitacional-2011-2012/file>. Acesso em: 5 maio 2017.

GOODIN, R. E.; REIN, M.; MORAN, M. The Public and its Policies. In: MORAN, M.; REIN, M.; GOODIN, R. E. **The Oxford Handbook of Public Policy**. Oxford: Oxford University Press, 2008. p. 3-35.

GOTTDIENER, M. **A produção social do espaço urbano**. 2. ed. São Paulo: Edusp, 1997.

GUERRA, A.; POCHMANN, M.; SILVA, R. A. (Org.). **Atlas da Exclusão Social no Brasil**: dez anos depois. São Paulo: Cortez, 2014.

HALL, P. A.; TAYLOR, R. C. R. As três versões do neo-institucionalismo. **Lua Nova**, n. 58, p. 193-223, 2003.

HAM, C.; HILL, M. **The Policy Process in the Modern Capitalist State**. Londres: Harvester Wheatsheaf, 1993.

HARVEY, D. O direito à cidade. **Revista Piauí**, n. 82, jul. 2013. Disponível em: <http://piaui.folha.uol.com.br/materia/o-direito-a-cidade>. Acesso em: 5 maio 2017.

IBGE – Instituto Brasileiro de Geografia e Estatística. **IBGE divulga as estimativas populacionais dos municípios em 2015**. 28 ago. 2015. Disponível em: <http://saladeimprensa.ibge.gov.br/noticias?view=noticia&id=1&busca=1&idnoticia=2972>. Acesso em: 5 maio 2017.

_____. **Noções básicas de cartografia**. Disponível em: <http://www.ibge.gov.br/home/geociencias/cartografia/manual_nocoes/indice.htm>. Acesso em: 5 maio 2017.

_____. **Regiões de influência das cidades 2007**. Rio de Janeiro, 2008. Disponível em: <http://www.ibge.gov.br/home/geociencias/geografia/regic.shtm>. Acesso em: 5 maio 2017.

_____. **Sinopse do Censo Demográfico 2010**. Rio de Janeiro, 2011. Disponível em: <http://www.ibge.gov.br/home/estatistica/populacao/censo2010/sinopse/default_sinopse.shtm>. Acesso em: 5 maio 2017.

INOJOSA, R. M. Sinergia em políticas e serviços públicos: desenvolvimento social com intersetorialidade. **Cadernos Fundap**, n. 22, p. 102-110, 2001.

IPEA – Instituto de Pesquisa Econômica Aplicada. **Atlas da Vulnerabilidade Social**. 2015. Disponível em: <http://ivs.ipea.gov.br/ivs/>. Acesso em: 5 maio 2017.

_____. **O Índice de Desenvolvimento Humano Municipal Brasileiro**. Brasília, 2013. (Série Atlas do Desenvolvimento Humano no Brasil 2013). Disponível em: <http://www.ipea.gov.br/portal/index.php?option=com_content&view=article&id=19153>. Acesso em: 5 maio 2017.

JARDIM, J. M.; SILVA, S. C. de A.; NHARRELUGA, R. S. Análise de políticas públicas: uma abordagem em direção às políticas públicas de informação. **Perspectivas em Ciência da Informação**, v. 14, n. 1, p. 2-22, jan./abr. 2009.

JOBERT, B.; MULLER, P. **L'Etat en action**: politiques publiques et corporatismes. Paris: Presses Universitaires de France, 1987.

JONES, B. D.; BAUMGARTNER, F. R. **The Politics of Attention**: How Government Prioritizes Problems. Chicago: The University of Chicago Press, 2005.

KAPLAN, A.; LASSWELL, H. **Poder e sociedade**. Brasília: Ed. da UnB, 1979.

KAUCHAKJE, S. Solidariedade política e constituição de sujeitos: a atualidade dos movimentos sociais. **Sociedade e Estado**, Brasília, v. 23, n. 3, p. 667-696, set./dez. 2008.

_____. **Tipos de solidariedade e normas constitucionais**. [S.l.]: Novas Edições Acadêmicas, 2015.

_____. **Valores sobre direitos e política social entre vereadores de Curitiba**: relação entre tipos de solidariedade e normas constitucionais. 158 f. Dissertação (Mestrado em Ciência Política) – Universidade Federal do Paraná, Curitiba, 2012.

KAUCHAKJE, S.; SILVA, E. Z. Teorias da política pública. In: CODATO, A. et al. **Manual de ciência política**. Curitiba: Ed. da UFPR. (No prelo.)

KJAER, A.; HANSEN, O.; THOMSEN, J. Conceptualizing State Capacity. **Demstar Research Report**, n. 6, p. 1-32, 2002.

KOGA, D. H. U. **Cidades territorializadas entre enclaves e potências**. Tese (Doutorado em Serviço Social) – Pontifícia Universidade Católica de São Paulo, São Paulo, 2001.

_____. **Medidas de cidades**: entre territórios de vida e territórios vividos. São Paulo: Cortez, 2003.

LASSWELL, H. D. **Politics**: Who Gets What, When, How. New York: P. Smith, 1950.

LAVALLE, A. G. Cidadania, igualdade e diferença. **Lua Nova**, n. 59, p. 75-94, 2003.

LEFEBVRE, H. **A revolução urbana**. Belo Horizonte: Ed. da UFMG, 1999.

_____. **Espaço e política**. Belo Horizonte: Ed. da UFMG, 2008.

LEMOS, J. de J. S. **Mapa da exclusão social no Brasil**: radiografia de um país assimetricamente pobre. 3. ed. Fortaleza: Banco do Nordeste, 2012.

LIMONGI, F.; FIGUEIREDO, A. Bases institucionais do presidencialismo de coalizão. **Lua Nova**, São Paulo, v. 44, p. 81-106, 1998.

LINDBLOM, C. E. **O processo de decisão política**. Brasília: Ed. da UnB, 1981.

LOWI, T. J. Four Systems of Policy, Politics, and Choice. **Public Administration Review**, v. 32, n. 4, 298-310, 1972.

_____. The State in Politics: the Relation between Policy and Administration. In: NOLL, R. G. (Ed.). **Regulatory Policy and the Social Sciences**. Berkeley: University of California Press, 1985. p. 67-95.

LYNN, L. E. **Designing Public Policy**: a Casebook on the Role of Policy Analysis. Santa Monica: Goodyear, 1980.

MARICATO, E. **Brasil, cidades**: alternativas para a crise urbana. Petrópolis: Vozes, 2001.

_____. Conhecer para resolver a cidade ilegal. In: CASTRIOTA, L. B. (Org.). **Urbanização brasileira**: redescobertas. Belo Horizonte: Arte, 2003. p. 78-96.

MARX, K. **O 18 de Brumário de Luís Bonaparte**. São Paulo: Boitempo, 2011.

MELO, M. A. O neoinstitucionalismo de volta à cena teórica. **Revista de Sociologia e Política**, n. 6-7, p. 213-215, 1996.

_____. O sucesso inesperado das reformas de segunda geração: federalismo, reformas constitucionais e política social. **Dados: Revista de Ciências Sociais**, v. 48, n. 4, p. 845-889, 2005.

MILIBAND, R. O sistema estatal e a elite do Estado. In: CARDOSO, F. H.; MARTINS, C. E. **Política e sociedade**. São Paulo: Nacional, 1983.

MONTE-MÓR, R. L. O que é o urbano, no mundo contemporâneo. **Revista Paranaense de Desenvolvimento**, n. 111, p. 9-18, 2006.

NAGEL, J. H. **The Descriptive Analysis of Power**. New Haven: Yale University Press, 1975.

NASCIMENTO, S. do. Reflexões sobre a intersetorialidade entre as políticas públicas. **Serviço Social & Sociedade**, São Paulo, n. 101, p. 95-120, jan./mar. 2010.

OBSERVATÓRIO DAS METRÓPOLES. Instituto Nacional de Ciência e Tecnologia. **Regiões metropolitanas do Brasil**. 2010. Disponível em: <http://www.observatoriodasmetropoles.net/download/observatorio_RMs2010.pdf>. Acesso em: 5 maio 2017.

OFFE, C. Designing Institutions for East European Transitions. **IHS Reihe Politikwissenschaft**, n. 19, p. 1-22, Nov. 1994. Disponível em: <https://www.ihs.ac.at/publications/pol/pw_19.pdf>. Acesso em: 5 maio 2017.

_____. **Problemas estruturais do Estado capitalista**. Rio de Janeiro: Tempo Brasileiro, 1984.

ONU – Organização das Nações Unidas. **Como atuar em projetos que envolvem despejos e remoções?** 2011. Disponível em: <https://www.mprs.mp.br/areas/urbanistico/arquivos/manuais_orientacao/guia_onu.pdf>. Acesso em: 5 maio 2017.

OPAS – Organização Pan-Americana da Saúde. **Atlas de Desenvolvimento Sustentável e Saúde**: Brasil 1991 a 2010. Brasília, 2015. Disponível em: <http://www.paho.org/bra/images/stories/Atlas/opas_atlas_inicio.pdf?ua=1>. Acesso em: 5 maio 2017.

PAULO NETTO, J. **Ditadura e serviço social**: uma análise do serviço social no Brasil pós-64. São Paulo: Cortez, 1991.

PAZ, R. D. O.; TABOADA, K. J. Conceitos básicos para intervenções habitacionais. In: _____. **Trabalho social em programas e projetos de habitação de interesse social**. Brasília: Ministério das Cidades, 2010. p. 55-67.

PERISSINOTTO, R. M. História, sociologia e análise do poder. **História Unisinos**, v. 11, n. 3, p. 313-320, 2007a.

_____. O 18 Brumário e a análise de classe contemporânea. **Lua Nova**, n. 71, p. 81-121, 2007b.

PETERS, B. G. **American Public Policy**. Chatham: Chatham House, 1986.

PIERSON, P. Fragmented Welfare States: Federal Institutions and the Development of Social Policy. **Governance: International Journal of Policy and Administration**, v 8, n. 4, p. 449-478, Oct. 1995.

PINHEIRO, O. M. **Plano diretor e gestão urbana**. Brasília: Capes; UAB, 2010.

POULANTZAS, N. **O Estado, o poder, o socialismo**. Rio de Janeiro: Graal, 1978.

_____. The Problem of the Capitalist State. **New Left Review**, n. 58, Nov./Dec. 1969.

PRZEWORSKY, A. **Estado e economia no capitalismo**. Rio de Janeiro: Relume-Dumará, 1995.

QUINTANEIRO, T.; BARBOSA, M. L. de O.; OLIVEIRA, M. G. M. de. **Um toque de clássicos**: Marx, Durkheim e Weber. Belo Horizonte: Ed. da UFMG, 2003.

REZENDE, D. A.; ULTRAMARI, C. Plano Diretor e planejamento estratégico municipal. **Revista de Administração Pública**, Rio de Janeiro, v. 41, n. 2, p. 255-271, mar./abr. 2007.

RODRIGUES, J. F. O rural e o urbano no Brasil: uma proposta de metodologia de classificação dos municípios. **Análise Social**, Lisboa, v. 211, n. 49, p. 430-456, 2014.

ROLNIK, R. Instrumentos urbanísticos contra a exclusão social. **Pólis**, São Paulo, v. 29, p. 7-10, jul./dez. 1997.

ROMERO, M. et al. Indicadores de sustentabilidade dos espaços públicos urbanos: aspectos metodológicos e atributos das estruturas urbanas. In: ENCONTRO NACIONAL DA ASSOCIAÇÃO NACIONAL DE PÓS-GRADUAÇÃO E PESQUISA EM PLANEJAMENTO URBANO E REGIONAL, 11., 2005, Salvador. Disponível em: <http://www.anpur.org.br/anaisAbrir/61/1/anais-do-xi-ena>. Acesso em: 5 maio 2017.

RUA, M. das G. **Políticas públicas**. Brasília: Capes; UAB, 2009.

RUSSELL, B. **Power**: a New Social Analysis. London: George Allen & Unwin, 1938.

SANTOS, M. **A natureza do espaço**. 3. ed. São Paulo: Hucitec, 1999.

_____. **Da totalidade ao lugar**. São Paulo: Edusp, 2005.

_____. **Metamorfoses do espaço habitado**. 5. ed. São Paulo: Hucitec, 1997.

_____. **O espaço do cidadão**. 7. ed. São Paulo: Edusp, 2007.

_____. **Técnica, espaço, tempo**: globalização e meio técnico-científico informacional. São Paulo: Edusp, 2008.

SANTOS, M. H. de C. Governabilidade, governança e democracia: criação de capacidade governativa e relações executivo-legislativo no Brasil pós-constituinte. **Dados: Revista de Ciências Sociais**, Rio de Janeiro, v. 40, n. 3, p. 335-376, 1997.

SCHEFFER, S. M. **Espaço urbano e política habitacional**: uma análise sobre o programa de lotes urbanizados da Prolar – Ponta Grossa. Dissertação (Mestrado em Ciências Sociais Aplicadas) – Universidade Estadual de Ponta Grossa, Ponta Grossa, 2003.

SILVA, M. O. da S. e. Focalização e impactos do Bolsa Família na população pobre e extremamente pobre. In: SILVA, M. O. da S. e; LIMA, V. F. S. A. (Org.). **Avaliando o Bolsa Família**: unificação, focalização e impactos. São Paulo: Cortez. 2010. p. 63-110.

_____. **Política habitacional brasileira**: verso e reverso. São Paulo: Cortez, 1989.

SKOCPOL, T. Bringing the State Back In: Strategies of Analysis in Current Research. In: EVANS, P.; RUESCHEMEYER, D.; SKOCPOL, T. (Ed.). **Bringing the State Back In**. Cambridge: Cambridge University Press, 1985. p. 3-37.

_____. **Estados e revoluções sociais**: análise comparativa da França, Rússia e China. Lisboa: Editorial Presença, 1979.

SKOCPOL, T.; AMENTA, E. States and Social Policies. **Annual Review of Sociology**, v. 12, p. 131-157, 1986.

SOUZA, C. Estado da arte da pesquisa em Políticas Públicas. In: HOCHMAN, G.; ARRETCHE, M; MARQUES, E. **Políticas Públicas no Brasil**. Rio de Janeiro: Fiocruz, 2006. p. 65-86.

_____. Federalismo, descentralização e desigualdades regionais no Brasil. In: ENCONTRO ANUAL DA ASSOCIAÇÃO NACIONAL DE PÓS-GRADUAÇÃO E PESQUISA EM CIÊNCIAS SOCIAIS, 22., 1998, Caxambu. **Anais**... Disponível em: <http://www.anpocs.com/index.php/encontros/papers/22-encontro-anual-da-anpocs/gt-20/gt03-6/5049-celinasouza-federalismo/file>. Acesso em: 5 maio 2017.

_____. Federalismo, desenho constitucional e instituições federativas no Brasil pós-1988. **Revista de Sociologia Política**, Curitiba, n. 24, p. 105-121, jun. 2005.

SPOSATI, A. Território e gestão de políticas sociais. **Serviço Social em Revista**, Londrina, v. 16, n. 1, p. 5-18, jul./dez. 2013.

SPOSITO, M. E. B. **Capitalismo e urbanização**. 10. ed. São Paulo: Contexto, 2000.

SPOSITO, M. E. B. Novos conteúdos nas periferias urbanas nas cidades médias do estado de São Paulo, Brasil. **Investigaciones Geográficas**, México, n. 54, p. 114-139, 2004.

STEFANIAK, J. L. A efetividade do direito humano e fundamental à moradia. **Direitos Fundamentais & Democracia**, Curitiba, v. 8, n. 8, p. 237-256, jul./dez. 2010.

TILLY, C. **Coerção, capital e estados europeus**: 1990-1992. São Paulo: Edusp, 1996.

TOMIO, F. R. de L. Federalismo, municípios e decisões legislativas: a criação de municípios no Rio Grande do Sul. **Revista de Sociologia e Política**, Curitiba, n. 24, jun. 2005.

TSEBELIS, G. **Atores com poder de veto**: como funcionam as instituições políticas. Rio de Janeiro: Ed. da FGV, 2009.

ULTRAMARI, C.; FIRKOWSKI, O. L. C. de F. Sobre mudanças e continuidades na gestão urbana brasileira. **Revista Mercator**, Fortaleza, v. 11, n. 24, p. 73-88, 2012.

VEIGA, J. E. da. **Cidades imaginárias**: o Brasil é menos urbano do que se calcula. Campinas: Autores Associados, 2002.

WEAVER, R. K.; ROCKMAN, B. A. **Do Institutions Matter?** Washington: Brookings Institutions, 1993.

WEBER, M. **Ciência e política**: duas vocações. São Paulo: Cultrix, 2004.

_____. **Economia e sociedade**: fundamentos da sociologia compreensiva. Brasília: Ed. da UnB, 2000. 2 v.

WEYLAND, K. **Bounded Rationality and Policy Diffusion**: Social Sector Reform in Latin America. Princeton: Princeton University Press, 2009.

Anexos

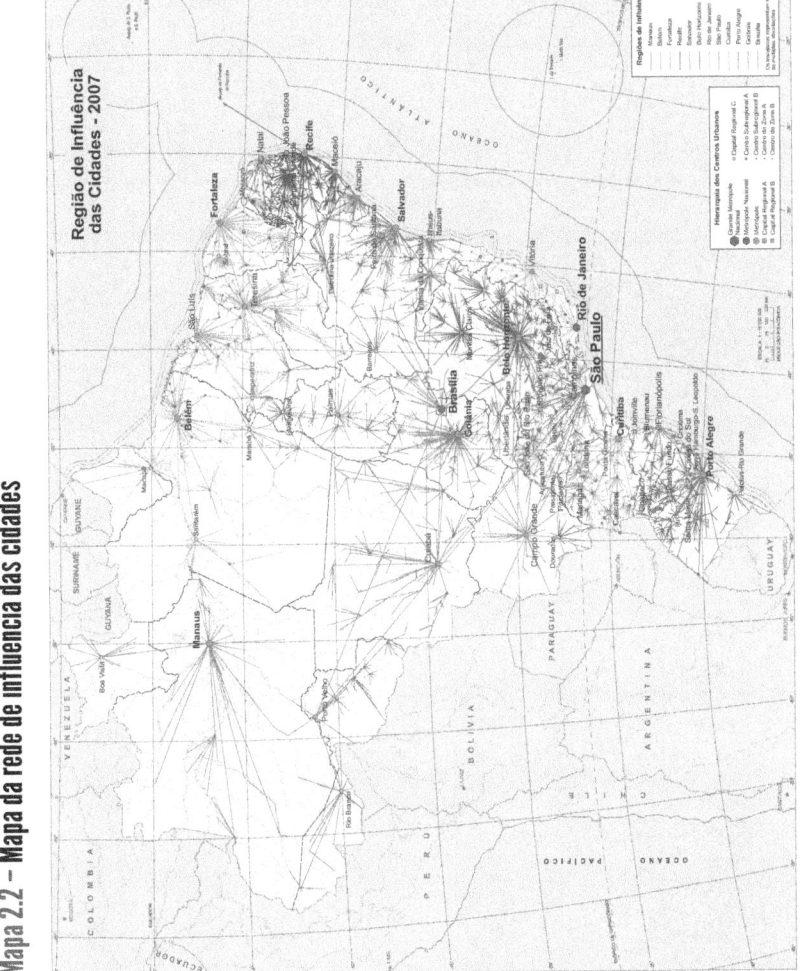

Mapa 2.2 – Mapa da rede de influência das cidades

Fonte: IBGE, Diretoria de Geociências, Coordenação de Geografia, Regiões de Influência das Cidades, 2007.

Figura 2.4 – Índice de Desenvolvimento Humano Municipal – Brasil, 1991, 2000 e 2010

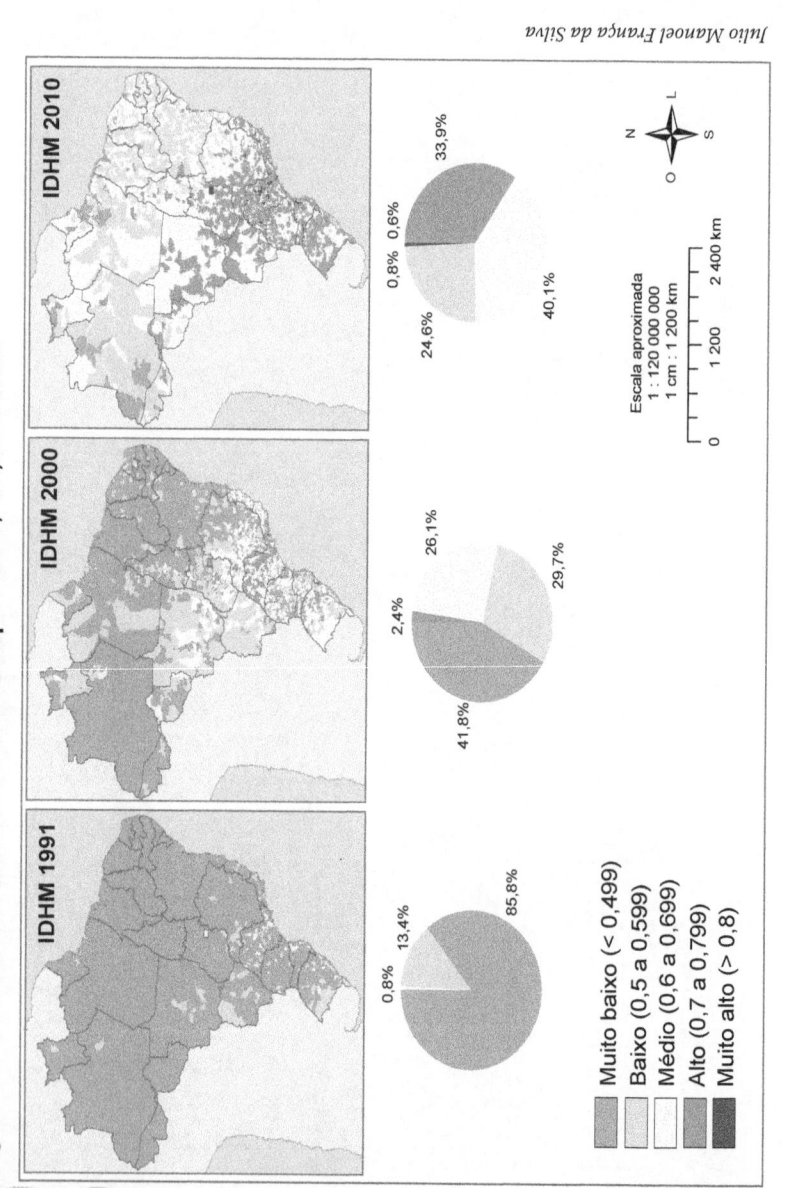

IDHM 1991
- 0,8%
- 13,4%
- 85,8%

IDHM 2000
- 2,4%
- 41,8%
- 26,1%
- 29,7%

IDHM 2010
- 0,8%
- 0,6%
- 24,6%
- 33,9%
- 40,1%

Muito baixo (< 0,499)
Baixo (0,5 a 0,599)
Médio (0,6 a 0,699)
Alto (0,7 a 0,799)
Muito alto (> 0,8)

Escala aproximada
1 : 120 000 000
1 cm : 1 200 km

0   1 200   2 400 km

Julio Manoel França da Silva

Fonte: Adaptado de IPEA, 2013, p. 43.

Respostas

Capítulo 1

Questões para revisão

1. a
2. b
3. d
4. Resposta pessoal.
5. Resposta pessoal.
6. Resposta pessoal.

Questões para reflexão

Para melhor elaborar as respostas, reflita sobre uma ou mais políticas públicas que você conheça e na respectiva repercussão nas relações sociais e políticas cotidianas nas localidades, regional e internacionalmente.

Capítulo 2

Questões para revisão

1. É preciso retomar a Seção 2.1 e suas subseções e distinguir os conceitos de *urbano* e *cidade*.

2. É necessário expressar as características urbanas e de moradia retratadas na foto e relacioná-las com conceitos como: segregação socioespacial e sua tipologia, diversidade, desigualdade, entre outros que perpassam o urbanismo de risco.

3. a

4. b

5. c

Questões para reflexão

1. O *site* do Atlas Brasil pode ser utilizado para a consulta ao IDHM e de mais de 200 indicadores de desenvolvimento humano dos municípios e estados brasileiros com dados extraídos dos censos demográficos. Disponível em: <www.atlasbrasil.org.br>.

2. Trata-se de uma atividade prática que envolve observação e reflexão conforme a realidade de cada pessoa na cidade escolhida para as atividades. É necessário desenhar um trajeto percorrido, demarcar os problemas, identificar as potencialidades locais e analisar como é possível, tomando como base os instrumentos urbanísticos, alterar esse cenário.

Capítulo 3

Questões para revisão

1. É preciso apresentar os conceitos de *habitação* e *moradia*. A habitação deve ser expressa nos componentes físicos da casa e do entorno, e a moradia em componentes subjetivos e físicos da casa e do entorno, ou seja, *moradia* inclui *habitação*.

2. É necessário preencher o quadro conforme as informações apresentadas na retrospectiva histórica da política de habitação e na seção sobre as normativas vigentes.
Obs: Algumas informações históricas encontram-se no Capítulo 2.

Década	Marco legal ou órgão de atuação	Ação
Década de 1920	–	Estado começa a intervir no processo de urbanização com medidas de higiene pública.
Década de 1930	1937 – Parques Proletários	Destinados às famílias faveladas e desabrigadas.
Década de 1940	1942 – Lei do Inquilinato 1946 – Fundação da Casa Popular	Congelamento dos aluguéis. Primeiro órgão habitacional.
Década de 1950	–	Ações estatais de atendimento insignificante.
Década de 1960	1964 – Banco Nacional de Habitação (BNH)	Definição da política habitacional.
Década de 1980	1988 – Constituição Federal	Definição dos arts. 182 e 183 referentes à política urbana.
Década de 1990	1999 – Secretaria Especial de Desenvolvimento Urbano (Sedu)	Congregou as políticas setoriais de habitação, saneamento e transporte em consonância com a política urbana.

Década de 2000	Lei ou órgão criado	Objetivo
Ano 2000	Emenda Constitucional n. 26	Incluir a moradia como direito social.
Ano 2001	Lei n. 10.257 – Institui o Estatuto da Cidade	Regulamentar os arts. 182 e 183 sobre política urbana da Constituição Federal.
Ano 2003	Criação do Ministério das Cidades	Organizar institucionalmente a política urbana, congregando as políticas setoriais de habitação, saneamento ambiental, transporte e trânsito.
Ano 2004	Conselho Nacional das Cidades (ConCidades)	Estudar e propor diretrizes para a formulação e a implementação da Política Nacional de Desenvolvimento Urbano (PNDU).

(continua)

(conclusão)

Década de 2000	Lei ou órgão criado	Objetivo
Ano 2004	Política Nacional de Habitação (PNH), inclusa na PNDU	Propor medidas políticas, legais e administrativas para efetivar o direito social à moradia e propor a organização de um Sistema Nacional de Habitação (SNH).
Ano 2005	Lei n. 11.124 – Política Habitacional de Interesse Social	Propor a organização de um sistema e de medidas políticas tendo como foco a população de baixa renda.
Ano 2009	Plano Nacional de Habitação (PlanLab)	Orientar as ações públicas e privadas e direcionar os recursos para o enfrentamento das necessidades habitacionais.
Ano 2009	Lei n. 11.977 – Programa Minha Casa Minha Vida (MCMV)	Incentivar a produção e a aquisição de novas unidades habitacionais.
Ano 2009	Instrução Normativa n. 8 (Ministério das Cidades)	Definir as diretrizes para os projetos do trabalho técnico social.
Ano 2010	Portaria n. 93 (Ministério das Cidades)	Estabelecer normas de atuação para o MCMV e o Programa de Arrendamento Residencial (PAR), definindo os objetivos e as diretrizes do trabalho técnico social para esses programas.
Ano 2014	Portaria n. 21/2014 (Ministério das Cidades)	Estabelecer normas de atuação para o trabalho técnico social em duas áreas: habitação e saneamento.

3. b

4. d

5. b

6. É preciso realizar um trabalho de pesquisa em documentos atuais da Fundação João Pinheiro sobre os componentes do déficit e da inadequação habitacional da região e do estado em questão.

Questões para reflexão

1. Com base nos dados coletados na questão 6 da seção anterior, é necessário refletir sobre a situação apresentada e as ações a serem desenvolvidas para enfrentar a problemática.

2. A Portaria n. 21/2014 apresenta quatro eixos condutores para o trabalho técnico social. Tendo-os como base, é preciso refletir e propor ações ou objetivos de intervenção.

Sobre as autoras

Samira Kauchakje é professora titular de políticas governamentais nos Programas de Pós-Graduação em Gestão Urbana e em Direitos Humanos e no curso de Ciências Sociais da Pontifícia Universidade Católica do Paraná (PUCPR) e professora colaboradora no Programa de Pós-Graduação em Ciência Política da Universidade Federal do Paraná (UFPR). *Visiting Research Scholar* in the Department of Political Science of the University of Illinois at Urbana-Champaign, com supervisão de José Cheibub (área de atuação: instituições governamentais e processo decisório). Tem experiência no ensino de Teoria Política Contemporânea; Fundamentos Teóricos da Teoria Política Contemporânea; Análise de Políticas Públicas. Seus interesses de pesquisa concentram-se em instituições políticas, processo decisório e posição ideológica do governo. Atualmente, desenvolve pesquisa sobre estrutura da representação política e seus efeitos no comportamento político e nas decisões legislativas. É graduada em Serviço Social pela PUCPR e em Ciências Sociais (formação em Ciência Política) pela UFPR. É mestra em Ciência Política também pela UFPR. É doutora em Ciência Política pela Universidade Federal de São Carlos (UFSCAR).

Sandra Maria Scheffer é professora da Universidade Estadual de Ponta Grossa (UEPG) no curso de Serviço Social. Atuou como professora em pós-graduação *lato sensu* presencial e no ensino a distância. Foi assistente social durante 21 anos na Companhia de Habitação de Ponta Grossa. Tem experiência na área de serviço social com ênfase em planejamento urbano, atuando principalmente nos seguintes temas: habitação, meio ambiente, urbanização, pobreza e espaço local. É doutora em Gestão Urbana pela Pontifícia Universidade Católica do Paraná (PUCPR), mestre em Ciências Sociais Aplicadas pela UEPG e graduada em Serviço Social também pela UEPG.

Os papéis utilizados neste livro, certificados por
instituições ambientais competentes, são recicláveis,
provenientes de fontes renováveis e, portanto, um meio
sustentável e natural de informação e conhecimento.

MISTO
Papel produzido
a partir de
fontes responsáveis
FSC® C057341

Impressão: Log&Print Gráfica e Logística S.A.
Abril/2021